POCO A

POCO A POCO

A GRADED SPANISH READER FOR YOUNGER BEGINNERS

W. W. TIMMS, M.A.
formerly Modern Language Master,
Charterhouse

With illustrations by
A. C. ECCOTT
formerly Director of Art, Wellington College

HODDER AND STOUGHTON
LONDON SYDNEY AUCKLAND TORONTO

Twelfth impression 1979

Printed in Great Britain for Hodder and Stoughton Educational,
a division of Hodder and Stoughton Ltd,
Mill Road, Dunton Green, Sevenoaks, Kent,
by J. W. Arrowsmith Ltd, Bristol

PREFACE

For some years there has been a demand from teachers for a first Spanish reader for general use at a reasonable price. This little book is an attempt to fulfil this need, for the stories, as a whole, should appeal to beginners from the age of twelve upwards.

An endeavour has been made to grade the stories: the first eighteen of which are, to all intents and purposes, in the Present Tense and contain very few linguistic difficulties. Part II is a group of longer stories in the Past Tense, Part III a few poems which are included purely for interest and amusement and have no questions or phrases to learn, just the necessary words which cannot be found in the vocabulary at the end of the book.

The *vocabulario* at the foot of each story contains words which should become part of the pupils' active vocabulary, while the *frases útiles* should help not only in answering the *preguntas*, but also in enlarging their knowledge of idiom.

The teacher should explain to the pupils the information given on page 85 about the contents of the main *vocabulario* at the end of the book.

The task of rewriting these stories and rendering them down into their present form has been considerably lightened by the willing and conscientious help of two anonymous Spanish friends to whom I am deeply grateful. My thanks are also due to other friends, both English and Spanish, who have aided me in the compilation of this collection of anecdotes and stories and especially to the artist, Mr A. C. Eccott.

W. W. T.

ACKNOWLEDGMENT

El queso de la vieja y el viejo is reproduced in an adapted form by kind permission of the author, J. A. Sánchez Pérez.

CONTENTS

Part Two Stories in the Past Tense

Part Three Poems

PART ONE

STORIES IN THE PRESENT TENSE

1

EN EL TRANVÍA

El señor habla con la señora en el tranvía.

Señor: ¿Tiene usted hijos?

Señora: Sí señor, tengo un hijo.

Señor: ¿Cómo se llama?

Señora: Se llama Pedro.

Señor: ¿Es buen hijo?

Señora: Sí, señor, es un hijo muy bueno.

Señor: ¿Fuma?

Señora: No, no fuma.

Señor: ¿Tiene costumbre de ir al café con sus amigos?

Señora: No, señor; sólo sale conmigo.

Señor: ¿Vuelve tarde a casa?

Señora: No, se acuesta todas las noches a las seis.

Señor: Sí, señora, su hijo es muy bueno. ¿Qué edad tiene?

Señora: Seis meses.

VOCABULARIO

el tranvía, tram
el amigo, friend
tarde, late
la noche, night
fumar, to smoke
conmigo, with me
acostarse, to go to bed
el mes, month

FRASES ÚTILES

¿cómo se llama? what's his name?
tener (la) costumbre to have the habit
volver a casa to return home
¿qué edad tiene? how old is he?

PREGUNTAS

1. ¿Dónde está la señora?
2. ¿Con quién habla?
3. ¿Cuántos hijos tiene la señora?
4. ¿Cómo se llama su hijo?
5. ¿Tiene su hijo malas costumbres?
6. ¿A qué hora se acuesta todas las noches?
7. ¿Qué edad tiene Pedro?

2

EL QUESO DE LA VIEJA Y EL VIEJO

Una vieja y un viejo tienen un queso.

Viene un ratón y se come el queso, que tienen la vieja y el viejo.

Viene un gato y se come al ratón, que se come el queso, que tienen la vieja y el viejo.

Viene un perro y mata al gato, que se come al ratón, que se come el queso, que tienen la vieja y el viejo.

Viene un palo y le pega al perro, que mata al gato, que se come al ratón, que se come el queso, que tienen la vieja y el viejo.

Viene el fuego y quema el palo, que pega al perro, que mata al gato, que se come al ratón, que se come el queso, que tienen la vieja y el viejo.

Viene el agua y apaga el fuego, que quema el palo, que pega al perro, que mata al gato, que se come al ratón, que se come el queso, que tienen la vieja y el viejo.

Viene el buey y se bebe el agua, que apaga el fuego, que

quema el palo, que pega al perro, que mata al gato, que se come al ratón, que se come el queso, que tienen la vieja y el viejo.

El buey se acuesta y el cuento se acaba.

VOCABULARIO

el viejo, old man
el ratón, mouse
el perro, dog
el fuego, fire
el buey, ox
el queso, cheese
el gato, cat
el palo, stick
el agua, water
el cuento, story

FRASES ÚTILES

comerse el queso	to eat up the cheese
comerse al ratón	to eat up the mouse
pegar al perro	to beat the dog
quemar el palo	to burn the stick
apagar el fuego	to put out the fire

PREGUNTAS

1. ¿De quién es el queso?
2. ¿Qué animal se come el queso?
3. ¿Qué hace el palo?
4. ¿Qué hace el fuego?
5. ¿Qué hace el agua?
6. ¿Qué hace el buey después de beberse el agua?

3

LOS CINCO PÁJAROS

El profesor pregunta un día en la clase de matemáticas:

— Si cinco pájaros están posados en la rama de un árbol y un cazador mata uno, ¿cuántos quedan?

Después de un rato, un niño levanta la mano y responde:

— Ninguno.

— ¿Por qué?

— Porque los otros volarán al oir el disparo.

VOCABULARIO

preguntar, to ask
la rama, branch
matar, to kill
la mano, hand
volar, to fly
(**volarán,** will fly away)
el pájaro, bird
el árbol, tree
quedar, to remain
responder, to reply
el disparo, the shot

FRASES ÚTILES

si cinco pájaros están posados en una rama	if five birds are sitting on a branch
¿cuántos quedan?	how many are left?
después de un rato	after a while
al oir	on hearing

PREGUNTAS

1. ¿Qué está enseñando el profesor?
2. ¿Qué contestación espera a su pregunta?
3. ¿Qué contesta el niño?
4. ¿Quién tiene razón: el profesor o el niño?

4

COMO CUENTAN LOS INDIOS

¿Creen ustedes que los indios cuentan como nosotros: uno, dos, tres, cuatro, veinte, ciento, quinientos, mil?

No. Los indios cuentan de una manera muy curiosa sus lanzas, sus flechas, sus escudos y sus ganados.

Cuando quieren decir uno, dicen sol.

¿Por qué? Porque no hay más que un sol.

Cuando quieren decir dos, dicen patas de pájaro, porque los pájaros no tienen más que dos patas.

En lugar de decir tres, dicen cola y patas de pájaro, porque los pájaros tienen dos patas y una cola, y dos y uno son tres.

Para cuatro, dicen patas de animal.

Para cinco, mano, porque cada mano tiene cinco dedos.

Para diez, dos manos.

Con los dedos continúan contando hasta veinte: las manos y los pies de un indio, como es de suponer, tienen veinte dedos.

Y de veinte no pasan.

A cualquier otra cantidad la llaman mucho.

VOCABULARIO

contar, to count
la lanza, spear
el escudo, shield
el sol, sun
la cola, tail
el pie, foot
quinientos, five hundred
la flecha, arrow
el ganado, cattle, flock
la pata, leg (of animal or bird)
el dedo, finger
cualquier, any

FRASES ÚTILES

de una manera curiosa	in a curious way
querer decir	to mean (to wish to say)
no hay más que un sol	there is only one sun
en lugar de	instead of
cada mano	each hand
hasta veinte	up to twenty
como es de suponer	as it is to be expected
cualquier otra cantidad	any other quantity

PREGUNTAS

1. ¿Cómo contamos nosotros?
2. ¿Cómo cuentan los indios?
3. ¿Qué dicen cuando quieren contar dos, cuatro o diez?

5

UN PERRO PEREZOSO

Una viuda rica que vive sola en su casa de campo cerca de Madrid, decide comprar un perro como protección contra los ladrones.

Va a la ciudad y, en una tienda dedicada a la venta de animales, compra un perro enorme. Desde aquel día, por fin, se siente segura.

Desgraciadamente, varias noches después, unos ladrones entran en la casa y roban dinero, anillos, collares y otras cosas de valor. El perro duerme tranquilamente durante toda la noche.

Al día siguiente, la señora, indignada, devuelve el perro a la tienda donde lo había comprado, diciendo:

— ¡Este perro no sirve para los ladrones!

El dueño de la tienda contesta entonces:

— ¡Lo que usted necesita ahora es un perro pequeño para despertar al grande!

VOCABULARIO

la casa de campo, country house
el ladrón, burglar
una tienda, shop
después, after
el dinero, money
entonces, then
comprar, to buy
la ciudad, town, city
varios, several
robar, to steal
la cosa, thing
despertar, to awaken

FRASES ÚTILES

decidir comprar	to decide to buy
desgraciadamente	unfortunately
robar dinero	to steal money
no sirve para	it is no use for
lo que usted necesita	what you need

PREGUNTAS

1. ¿Por qué necesita protección la viuda?
2. ¿Dónde vive la señora?
3. ¿Dónde compra el perro enorme?
4. ¿Qué hacen los ladrones?
5. ¿Por qué está indignada la viuda?
6. ¿A dónde va la señora con el perro?
7. ¿Qué contestación le da el tendero?

6

EL OJO DE CRISTAL

Un señor que tiene un ojo de cristal viaja por la región de Galicia, en España. Al llegar a un pequeño pueblo, toma habitación en la única posada del lugar.

Está muy cansado, después de un día de duro trabajo, de modo que tiene prisa de irse a la cama. Después de acostarse llama a la posadera para darle el ojo de cristal, y le dice:

— Póngalo en un vaso de agua.

Al ver que la mujer, después de recibir el ojo no se mueve del sitio en que se halla, le pregunta el hombre:

— ¿Qué espera usted, señora?

— Estoy esperando a que tenga usted la bondad de darme el otro ojo.

VOCABULARIO

el ojo, eye
llegar, to arrive
cansado, tired
la cama, bed
la mujer, the woman
el sitio, place
el cristal, glass
el pueblo, village, small town
el trabajo, work
el vaso, glass
recibir, to receive
esperar, to wait for

FRASES ÚTILES

al llegar	on arriving
al ver	on seeing
la única posada del lugar	the only inn in the village

tener prisa	to be in a hurry
después de acostarse	after getting into bed
póngalo	put it
tenga usted la bondad de darme	please give me

PREGUNTAS

1. ¿Dónde está el señor?
2. ¿Cuántas posadas hay en el lugar?
3. ¿Por qué está cansado el señor?
4. ¿Qué hace después de llegar a la posada?
5. ¿Cuándo llama a la posadera?
6. ¿Por qué llama a la posadera?
7. ¿Por qué no se mueve la mujer?

7

EL ALDEANO Y EL CAMARERO

Un aldeano que acaba de llegar a Madrid siente hambre y entra en el primer restaurante que ve en la Gran Vía. Es un restaurante de primera clase.

El aldeano toma asiento y estudia la gente que está sentada a las mesas próximas; luego, atándose la servilleta al cuello, espera al camarero, que no tarda en llegar.

— Caramba — dice el aldeano cuando éste está a su lado —, supongo que aquí se comerá bien.

— Sí, señor, pero la peluquería está allí enfrente.

VOCABULARIO

el restaurante, restaurant
la mesa, table
el cuello, neck
el lado, side
la gente, people
luego, then
el camarero, waiter
aquí, here

FRASES ÚTILES

sentir hambre	to feel hungry
tomar asiento	to take a seat
no tardar en llegar	to arrive soon
a su lado	at one's side
aquí se come bien	the food is good here

PREGUNTAS

1. ¿Quién ha llegado a Madrid?
2. ¿Por qué entra en el restaurante?
3. ¿Cómo es el restaurante?
4. ¿Qué hace el aldeano mientras espera al camarero?
5. ¿Por qué le dice el camarero que la peluquería está enfrente?

8

LA APUESTA

En una fonda vasca un hombre asegura que puede beber seis litros de sidra de una vez y sus amigos le apuestan mil pesetas a que no (los puede beber).

— Pero antes de hacerlo — dice — , tengo que salir un momento.

Y desaparece por espacio de cinco minutos, vuelve luego a la fonda donde le esperan sus amigos, bebe los seis litros de sidra y recoge las mil pesetas apostadas.

— ¿Dónde has ido antes de beber? — le preguntan después.

— A la taberna de enfrente a ver si podía beber los seis litros.

VOCABULARIO

la apuesta, the bet
el litro, litre
desaparecer, to disappear
la fonda, inn
salir, to leave, go out
ver, to see

FRASES ÚTILES

de una vez	in one go
tengo que salir	I must go out
por espacio de cinco minutos	for five minutes
la taberna de enfrente	the tavern opposite
recoger	to pick up

PREGUNTAS

1. ¿En qué región tiene lugar la apuesta?
2. ¿Qué apuestan los amigos del vasco?
3. ¿Qué hace el vasco antes de beber los seis litros de sidra?
4. ¿Por qué sale de la fonda?

9

LA FIRMA

Una linda muchacha se atreve a pedir a un famoso actor americano un donativo para una fiesta benéfica.

El actor saca su talonario de cheques, escribe un momento y ofrece un cheque a la muchacha. Cuando ésta se reune con sus compañeras y les entrega el cheque, no puede contener la alegría.

— Mirad: el señor X regala quinientos dólares para nuestra fiesta.

Las amigas empiezan a hablar de la generosidad del actor, pero una de ellas observa:

— Oye, ¿y la firma? Este cheque está sin firmar.

— ¿La firma? ¡Ah, sí! La firma la he recortado yo para mi colección de autógrafos.

VOCABULARIO

la firma, signature
la muchacha, girl
pedir, to ask for
escribir, to write
la compañera, girl-friend
la alegría, joy
empezar, to begin
firmar, to sign
atreverse, to dare
sacar, to take out
ofrecer, to offer
entregar, to give, hand over
regalar, to give
recortar, to cut out

FRASES ÚTILES

atreverse a pedir	to dare to ask
estar sin firmar	to be unsigned
una colección de autógrafos	a collection of autographs

PREGUNTAS

1. ¿Qué hace la linda muchacha?
2. ¿Qué recibe del actor?
3. ¿Por qué no tiene firma el cheque?

10

EL RETRATO

El abuelo está sentado en su sillón fumando en pipa y leyendo su libro.

Delante de él, en una silla pequeña, está su nieta, Mariucha, ocupada en dibujar.

— ¿Qué haces? — pregunta el abuelo.

— No te muevas, abuelito, por favor. ¡Estoy haciendo tu retrato!

El abuelo continúa tranquilo para dejar a la niña terminar el dibujo. Pero al cabo de algunos minutos Mariucha mira su dibujo y declara suspirando:

— No me gusta este retrato; voy a ponerle un rabo y entonces será un mono pequeño.

VOCABULARIO

el retrato, portrait
sentado, seated
leer, to read
delante, in front
la nieta, granddaughter
dibujar, to draw
dejar, to allow, let
el dibujo, drawing
el abuelo, grandfather
el sillón, armchair
el rabo, tail
la silla, chair
ocupado, occupied
por favor, please
terminar, to finish
el mono, monkey

FRASES ÚTILES

fumar en pipa	to smoke a pipe
estar ocupado en dibujar	to be busy drawing
no te muevas, por favor	please don't move
al cabo de algunos minutos	a few minutes later
dejar a la niña terminar	to let the girl finish
no me gusta	I don't like

PREGUNTAS

1. ¿Quién fuma en pipa?
2. ¿Dónde está el abuelo?
3. ¿Qué está haciendo el abuelo?
4. ¿Dónde está la nieta?
5. ¿Qué está haciendo?
6. ¿Por qué no quiere que se mueva el abuelo?
7. ¿Le gusta el retrato a la nieta?
8. ¿Qué ha hecho?
9. ¿Qué le pone después al retrato?
10. ¿Por qué?

11

EL MONO DEL MÉDICO

Un médico tiene en su casa un mono. Un día, mientras está fuera su amo, el mono entra en una habitación y empieza a jugar con un reloj de oro que descubre en una mesa. En aquel momento vuelve el médico, y el mono, teniendo miedo del castigo, sale corriendo y sube al tejado de la casa, llevando consigo el reloj con su cadena.

El médico, sabiendo que los monos tienen la costumbre de imitar las acciones humanas, busca una piedra del mismo tamaño que el reloj, la ata con una cuerda a una rama baja de un árbol y la deja colgada.

A los pocos momentos baja el animal y repite con el reloj las acciones de su amo que así recobra sin dificultad el objeto perdido.

VOCABULARIO

el médico, doctor
fuera, away, absent
jugar, to play
correr, to run
el tejado, roof
la cadena, chain
la piedra, stone
el tamaño, size
la rama, branch
bajar, to come down
así, thus
la dificultad, difficulty
mientras, while
la habitación, room
el reloj, watch
subir, to go up
consigo, with him
buscar, to look for
mismo, same
la cuerda, rope, string
colgado, hanging, suspended
el amo, master
recobrar, to recover
el objeto, object

FRASES ÚTILES

estar fuera	to be away
tener miedo	to be afraid
salir corriendo	to run out
llevar consigo	to carry away (with oneself)
dejar colgado algo	to leave something hanging
a los pocos minutos	a few minutes later

PREGUNTAS

1. ¿Cómo puede entrar el mono en la habitación de su amo?
2. ¿Qué encuentra en la mesa?
3. ¿Adónde va con el reloj?
4. ¿Qué sabe el médico acerca de los monos?
5. ¿Dónde pone la piedra?
6. ¿Cuándo baja el mono?

12

LA MANZANA COCIDA

Conozco a una señora que tiene la costumbre de comerse una manzana todos los días antes de desayunar. Una mañana, no teniendo hambre, la deja en el armario con intención de comerla más tarde. Vuelve a las once, pero la manzana ha desaparecido. Llama entonces a Juanita, su joven criada.

— ¿Has comido la manzana, Juanita?

— No, señora.

— Está bien, porque yo había puesto veneno dentro para matar esos ratones que nos molestan tanto.

— ¡Jesús, señora, voy a morir! ¿Qué haré?

— No te aflijas, Juanita. Solamente quería saber quién la había comido.

VOCABULARIO

la manzana, apple
el armario, cupboard
molestar, to annoy
desayunar, to have breakfast
la criada, maid
morir, to die

FRASES ÚTILES

tener la costumbre de comer	to be in the habit of eating
tener hambre	to be hungry
todos los días	every day
yo había puesto veneno dentro	I had put poison inside
¿qué haré?	what shall I do?
no te aflijas	don't worry

PREGUNTAS

1. ¿Qué come la señora todos los días?
2. ¿A qué hora vuelve?
3. ¿Está la manzana en el armario a las once?
4. ¿Por qué llama a Juanita?
5. ¿Por qué se aflije Juanita?

13

LOS HONGOS VENENOSOS

Un señor muy simpático da un paseo por el campo. En medio de un bosque encuentra a una pobre muchacha buscando hongos. Tan concentrada está en su tarea que no ve una serpiente que se acerca a ella.

Rápidamente el señor da un golpe en la cabeza a la serpiente con el bastón que tiene en la mano y logra matarla.

Al oir ruido la niña se vuelve y pregunta:

— ¿Qué hace usted?

— Mira, niña, acabo de matar una serpiente venenosa que iba a morderte.

— ¡Oh!, muchas gracias, señor. No la había visto porque estaba distraída buscando hongos para mi madre.

Entonces el señor examina los hongos y grita:

— Niña, estos hongos no son buenos; son venenosos. ¡Tíralos en seguida!

Pero la niña no quiere obedecerle.

— Señor — dice —, no voy a comerlos yo. Mi mamá va a venderlos en la ciudad.

VOCABULARIO

simpático, kind
el campo, country
la cabeza, head
el bastón, walking stick
oir, to hear
morder, to bite
el paseo, walk
el bosque, wood
el golpe, blow
lograr, to succeed
el ruido, noise

FRASES ÚTILES

un señor muy simpático	a very kind gentleman
dar un paseo por el campo	to take a country walk
dar un golpe a alguien	to hit (or strike) somebody
volverse	to turn round
estar distraído	to be absorbed
tíralos en seguida	throw them away at once

PREGUNTAS

1. ¿Por dónde pasea el señor simpático?
2. ¿A quién encuentra en medio de un bosque?
3. ¿Qué está haciendo la muchacha?
4. ¿Por qué no ve la serpiente?
5. ¿Cómo mata el hombre a la serpiente?
6. ¿Por qué se vuelve la niña?
7. ¿Por qué grita el hombre?
8. ¿Por qué no quiere tirar los hongos la muchacha?

14

ADIVINA, BUEN ADIVINADOR

Soy transparente como un cristal. El cielo y los árboles se miran en mi espejo.

Cuando el suelo es llano, descanso tranquilamente; pero cuando tiene notable desnivel, corro, salto y me precipito en medio de blanca espuma.

Me hago invisible y subo hasta las nubes, desde donde vuelvo a caer a la tierra. Viajo sobre ella, y si una montaña me cierra el paso, me meto en su interior, porque yo conozco todos los caminos secretos de la tierra y sus más ocultas cavernas.

Sin mí, la vida sería imposible. Por eso, me introduzco en el aire, en la savia de los árboles, en el jugo de las frutas, en la sangre de los seres vivos.

Yo purifico todas las cosas y las libro de la suciedad y el polvo. Los que no me quieren, enferman y contagian a los demás.

Yo también uno los países, transporto a las gentes y facilito el comercio del mundo. ¿Qué soy?

Adivina, buen adivinador . . .

VOCABULARIO

el cielo, sky
el suelo, ground, floor
correr, to run
en medio de, in the middle of
caer, to fall
la montaña, mountain
conocer, to be acquainted with
el espejo, mirror
descansar, to rest
saltar, to jump
la nube, cloud
viajar, to travel
cerrar, to close
el camino, way, road

la tierra, earth
la sangre, blood
también, also
el mundo, world
sin, without
el polvo, dust
el país, country

FRASES ÚTILES

mirarse en un espejo	to look at oneself in a mirror
hacerse invisible	to become invisible
en medio de	in the middle of
la montaña me cierra el paso	the mountain blocks my way
la vida sería imposible	life would be impossible
vuelvo a caer	I fall again
por eso	therefore, and so
los demás	the others, the rest

PREGUNTAS

1. ¿Qué hago cuando el suelo no es llano?
2. ¿De dónde caigo a la tierra?
3. ¿Por qué sería imposible la vida sin mí?
4. ¿Qué les pasa a los que no me quieren?
5. ¿Cómo puedo unir los países?

15

EL CAMPESINO Y LOS LADRONES

Un campesino se dirige a la ciudad con un burro y una vaca para venderlos en el mercado.

Tres ladrones ven al campesino y uno de ellos dice:

— Voy a robarle la vaca y él no lo notará.

Otro de los ladrones dice:

— Después yo le robaré el burro.

— Y por último yo le robaré toda la ropa — dice el tercero.

El primer ladrón se acerca furtivamente a la vaca, le quita el cencerro, que ata a la cola del burro, y se lleva el animal.

Poco después el campesino nota que le falta la vaca y la busca. Entonces el segundo ladrón se le acerca y le pregunta qué está buscando. El campesino responde que le han robado una vaca.

—Acabo de ver a un hombre por el bosque, que conducía una vaca — dice el ladrón —; todavía puede usted alcanzarle.

El campesino corre en busca de su vaca; el ladrón, encargado de cuidar al burro, no tarda en huir con él.

Cuando el campesino vuelve, se encuentra también sin burro y, llorando, marcha sin mirar hacia dónde.

En el camino, cerca de un estanque, se encuentra con otro hombre que también está llorando. Le pregunta qué le pasa.

El hombre cuenta que le han encargado de llevar a la ciudad un saco lleno de oro; que se ha dormido cerca del estanque y que, durante su sueño, el saco ha caído al agua.

Entonces el campesino le pregunta por qué no se mete en el estanque para buscarlo.

— Me da miedo el agua — contesta el hombre —. No sé nadar. Si usted me saca el saco, le daré con gusto veinte piezas de oro.

El campesino se alegra, pensando que Dios quiere compensarle de la pérdida de sus animales.

Se desnuda y entra en el estanque, pero no encuentra nada. Cuando sale del agua su ropa ha desaparecido.

Así, al pobre hombre se lo han quitado todo: la vaca, el burro y la ropa.

VOCABULARIO

el burro, donkey
el mercado, market
la ropa, clothing
quitar, to take away
cuidar, to take care of
llorar, to weep
el estanque, pool
el saco, bag
el gusto, pleasure
la vaca, cow
el ladrón, robber, thief
acercarse, to approach
responder, to answer
huir, to flee
hacia, towards
pasar, to happen
nadar, to swim

FRASES ÚTILES

robarle la vaca	to steal the cow from him
el primer ladrón	the first robber
quitarle el cencerro	to remove the bell from it
en busca de su vaca	in search of his cow
todavía puede usted alcanzarle	you can still catch him
¿Qué pasa?	What is the matter?
caer al agua	to fall into the water
dar miedo a alguien	to scare someone
me da miedo el agua	I am scared of water
alegrarse	to be glad
desnudarse	to undress

PREGUNTAS

1. ¿Adónde va el campesino?
2. ¿Vive en el campo o en la ciudad?
3. ¿Por qué va el campesino a la ciudad?
4. ¿Cuántos ladrones ven al campesino?
5. ¿Qué va a robarle el primero? ¿El segundo? ¿Y el tercero?
6. ¿Cómo le roban la vaca?
7. ¿Quién corre en busca de la vaca?
8. ¿Quién huye con el burro?
9. ¿Por qué llora el campesino?
10. ¿Dónde encuentra al tercer ladrón?
11. ¿Por qué está llorando el tercer ladrón?
12. ¿Por qué no puede sacar el saco del agua?
13. ¿Qué dará al campesino si le saca el saco?
14. ¿Qué piensa el campesino?
15. ¿Qué encuentra en el estanque?
16. ¿Qué hace el tercer ladrón mientras que el campesino está en el estanque?

16

LA TORTILLA CORREDORA

Una pobre viuda y sus siete hijos se mueren de hambre. Un día una vecina le da un poco de harina, un litro de aceite y media docena de huevos. La pobre mujer se pone a cocinar una gran tortilla para sus niños hambrientos. La pone en la lumbre y los siete niños, sentados alrededor, la miran.

— Madre — dice el primero —, tengo hambre; dame un pedacito de tortilla.

— ¡Ay, madrecita! — dice el segundo —, yo también tengo hambre . . . Y todos dicen lo mismo.

— Sí, sí, hijos míos — dice la madre —, pero tenéis que esperar a que la tortilla esté bien hecha. ¡Qué buena va a estar!

La tortilla al oir esto se asusta tanto que se da la vuelta. Después de unos minutos la mujer, para no quemarse, coge un paño y saca la hermosa tortilla dorada. Con ayuda de un cuchillo trata de quitar un trocito quemado. Pero la tortilla tiene tanto miedo que salta de las manos de la mujer, cae al suelo y sale rodando de la casa.

— ¡Párate, párate! — grita la madre.

— ¡Párate, párate! — gritan a coro los siete hijos.

Cuando la tortilla oye estos gritos, rueda más de prisa aún. La madre y los siete niños hambrientos corren detrás, pero la tortilla rueda tan rápidamente, que la pobre familia pronto la pierde de vista.

La tortilla sigue rodando. En el camino se encuentra con el cartero.

— ¡Párate, párate, tortilla! — la dice.

— No puedo detenerme — contesta la tortilla — . Tengo que seguir rodando, porque si no, la mujer y sus siete hijos hambrientos me cogerán para comerme.

La tortilla sigue rodando y el cartero corre tras ella. Más adelante se encuentra con una gallina.

— Mi buena tortilla — la dice — , no ruedes tan de prisa. Espera un momento.

— No puedo esperar. Tengo que seguir rodando — contesta la tortilla — , porque si no, la mujer, sus siete hijos hambrientos y el cartero me cogerán para comerme.

La tortilla sigue rodando y la gallina corre tras ella. Al rato la tortilla ve un gallo.

— Tortillita, tortillita — la dice —; párate un poco.

— No puedo detenerme. Tengo que seguir rodando — contesta la tortilla, — porque si no, la mujer y sus siete hijos, el cartero y la gallina, me cogerán para comerme.

La tortilla sigue rodando y el gallo corre detrás también. La tortilla se encuentra entonces con un pato.

— Querida tortilla — la dice, — no ruedes tan de prisa; párate un ratito.

— No puedo. Tengo que seguir rodando, porque si no, la mujer, con sus siete hijos que se mueren de hambre, el cartero, la gallina y el gallo, me cogerán para comerme.

Poco después la tortilla ve un ganso.

— Mi buena tortilla, no ruedes con tanta prisa — grita el ganso —; párate un segundo.

— No puedo detenerme. La mujer y sus siete hijos, el cartero, la gallina, el gallo y el pato, vienen corriendo detrás de mí. Tengo que seguir rodando, porque si no, me cogerán para comerme.

La tortilla sigue rodando y el ganso echa a correr detrás.

Al cabo de un rato la tortilla se encuentra con un cerdito.

— Espera un poco, querida tortilla — la llama el cerdito —. Vas demasiado de prisa . . .

— Ay, cerdito, no puedo esperar. La mujer y sus siete hijos hambrientos, el cartero, la gallina, el gallo, el pato y el ganso, vienen corriendo detrás de mí. Quieren cogerme para comerme.

La tortilla sigue rodando y el cerdito echa a correr detrás de ella.

Después de cierto tiempo llegan a un bosque.

— Escucha, tortillita — dice el cerdito —, en este bosque tan oscuro vas a tener miedo.

— Claro que sí — contesta la tortilla.

— ¿Quieres que atravesemos juntos el bosque? — pregunta el cerdito.

— ¡Buena idea! — grita la tortilla.

Y corren juntos por el bosque hasta llegar a un río.

El cerdito es tan gordo que flota perfectamente, pero la pobre tortilla, no.

Entonces le dice al cerdito:

— Compañero, no sé nadar; no puedo atravesar el río.

— ¡Qué lástima! — contesta el cerdito — . Trataré de ayudarte. Salta y te pasaré sobre mi cabeza.

— ¡Buena idea! — comenta la tortilla.

De un salto se coloca sobre la cabeza del cerdito. Este entonces, sacude su cabeza, tira la tortilla al aire, la recibe con el hocico abierto y se la come de un bocado sin dejar ni una migaja.

VOCABULARIO

la harina, flour
el huevo, egg
el pedazo, a bit
el pedacito, a little bit
el cuchillo, knife
el grito, cry
coger, to take, catch
el gallo, cock
un rato (-ito), a (little) while
el cerdito, little pig
gordo, fat
sacudir, to shake
el aceite, oil
la tortilla, pancake (or omelette)
el paño, cloth
parar(se), to stop
el cartero, postman
la gallina, hen
un pato, duck
el ganso, goose
el río, river
flotar, to float

FRASES ÚTILES

morirse de hambre	to be dying of hunger, to starve
tener hambre	to be hungry
tener miedo	to be afraid
decir lo mismo	to say the same thing
esperar a que . . .	to wait until . . .
salir rodando	to roll out
aún más de prisa	even faster
perder de vista	to lose sight of

¡párate!	stop!
encontrarse con	to meet
más adelante	later on
no ruedes tan de prisa	don't roll so fast
tengo que seguir rodando	I must go on rolling
poco después	soon after
demasiado de prisa	too quickly
echar a correr	to begin to run
¿quieres que atravesemos juntos el bosque?	do you want us to go through the wood together?
¡Qué lástima!	What a pity!
trataré de ayudarte	I shall try to help you
tirar al aire	to throw in the air
comer de un bocado	to eat in one mouthful
sin dejar ni una migaja	without leaving a crumb

PREGUNTAS

1. ¿Cuántos hijos tiene la viuda?
2. ¿Qué le da la vecina?
3. ¿Qué hace la viuda con la harina, el aceite y los huevos?
4. ¿Dónde están sentados los niños?
5. ¿Por qué quieren comer la tortilla?
6. ¿Por qué se da la vuelta la tortilla?
7. ¿Para qué coge un paño?
8. ¿Cómo quiere quitar la viuda el trocito quemado?
9. ¿De qué color es la tortilla?
10. ¿Qué hace después de saltar de las manos de la mujer?
11. ¿Cómo sale la tortilla de la casa?
12. ¿Qué grita la madre?
13. ¿Qué gritan los siete hijos?
14. ¿Qué hacen todos ellos después de gritar?
15. ¿Con quién se encuentra la tortilla?
16. ¿Qué le dice?
17. ¿Qué animales ven rodar la tortilla?
18. ¿Qué les responde la tortilla?
19. ¿A dónde llegan después de cierto tiempo?
20. ¿Quién la propone atravesar juntos el bosque?
21. ¿Flota el cerdo? ¿Y la tortilla?
22. ¿Cómo deciden atravesar el río?
23. ¿Qué hace el cerdito cuando la tortilla le salta a la cabeza?

17

EL NUEVO EXPLORADOR

Es un día muy caluroso de Julio.

Una brigada de exploradores hace una excursión por el campo cerca de la ciudad.

Los niños van perfectamente formados, con la banda a la cabeza.

Llegan a la orilla de un arroyo cerca de un pequeño bosque.

El comandante manda: ¡Alto! Llama a dos mayores y les ordena ir a reconocer el bosque y a elegir un sitio para acampar.

En aquel momento llama la atención del comandante un niño de unos diez años que está sacando agua del arroyo con un sombrero de paja.

El comandante se acerca y le dice:

— ¡Salud, muchacho! ¿Qué estás haciendo?

— Llevando agua a un pobre viejo que está allí, donde da vuelta el camino, y que parece no encontrarse bien.

— Pero vas a perder el agua.

— No, señor — contesta el niño —; he puesto un forro de papel grueso al sombrero.

— ¡Bien, hombre! — le dice el comandante. — Vamos a ver al viejo.

Sentado en una piedra, al borde del camino, está el viejo, sudoroso y cubierto de polvo.

— Tenga, abuelito — le dice el niño pasándole el sombrero casi lleno de agua.

Bebe el pobre hombre y, depués de terminar, se levanta para continuar su camino.

En aquel momento llegan todos los exploradores y rodean al grupo.

El comandante les dice entonces:

—Aquí tienen ustedes un buen explorador; sólo le falta el uniforme. Sabe, como nosotros, ser útil y ayudar a sus semejantes. ¿Cómo te llamas, muchacho?

—José González, señor.

—Brigada: ¡tres hurras por José González! Y luego, mientras este pobre viejo descansa, al campamento para festejar a este nuevo explorador que va a formar parte de nuestra brigada.

VOCABULARIO

caluroso, hot
el arroyo, stream
el sombrero, hat
la piedra, stone
casi, almost
el uniforme, uniform
la orilla, bank, shore
el sitio, site, place
la paja, straw
el borde, side, edge
rodear, to surround
útil, useful

FRASES ÚTILES

un día caluroso	a hot day
por el campo	in the country
el sombrero de paja	the straw hat
reconocer el bosque	reconnoitre the wood
llamar la atención	to attract the attention
¡salud!	greetings, hello!
donde el camino da vuelta	where the road bends
un forro de papel	paper lining
vamos a ver al viejo	let's go and see the old man
al borde del camino	at the roadside
cubierto de polvo	covered with dust
aquí tienen ustedes . . .	here you have . . .
sólo le falta el uniforme	the uniform is the only thing he needs

mientras este pobre viejo descansa	while the old man rests

PREGUNTAS

1. ¿Dónde están los exploradores?
2. ¿Qué les manda el comandante cuando llegan al arroyo?
3. ¿Qué van a hacer los dos mayores?
4. ¿Por qué el niño llama la atención del comandante?
5. ¿A quién está llevando agua?
6. ¿Qué ha hecho para no perder el agua?
7. ¿Dónde está sentado el viejo?
8. ¿Por qué está el viejo cubierto de polvo y sudoroso?
9. ¿Cómo se llama el niño?
10. ¿Cuál es el deber de un explorador?

18

LAS DIABLURAS DE PERIQUILLO

Al señor cura le gusta la fruta y, sobre todo, los higos. En la rama más alta de la higuera de su huerta quedan unas docenas de higos que no puede coger . . .

El cura llama a Periquillo y éste, tan listo como siempre, corre a ponerse a las órdenes del señor cura.

— Vamos a ver, chiquito — dice éste —; ¿puedes subir a aquella rama y coger todos los higos que hay en ella?

— Sí, señor; de buena gana. ¡Qué ricos! — responde Periquillo, al ver los higos.

— Pero oye — le dice el señor cura, al observar la codicia que los higos despiertan en Periquillo —, quiero que, mientras coges los higos, cantes sin cesar un momento.

— ¿Y qué quiere usted que yo cante?

— Lo que tú quieras, si es alguna cosa buena. Canta un himno, el Credo; en fin, canta lo que te guste.

— Muy bien, padre.

Periquillo coge una cesta, sube a lo más alto de la higuera y empieza a coger higos, cantando todo el tiempo.

Quiere comer los mejores, pero para comer tiene que cesar de cantar y, así que interrumpe el canto, ya está el cura gritándole que cante y amenazándole con un terrón que tiene en la mano.

Periquillo empieza a pensar en el medio de engañar al señor cura y, por fin, lo encuentra. Se pone a cantar un responso y, naturalmente, al llegar al *pater noster* tiene que guardar silencio.

— ¿Qué es eso? — grita el cura alarmado.

— Que estoy rezando el Padrenuestro — contesta Periquillo con la boca llena de higos.

— ¡Rézalo cantando, cantando!

— Ca, no, señor: el Padrenuestro lo reza usted siempre en voz baja.

El señor cura tira al suelo el terrón que tiene en la mano y dice, soltando la carcajada:

— ¡Hombre, eres tan pillo que debería darte la mitad de los higos!

Periquillo no llega a comer esta mitad de los higos, pero vamos, que mientras cantaba el Padrenuestro, la otra mitad, sí . . .

Adapted from a story by
ANTONIO DE TRUEBA

VOCABULARIO

la diablura, the mischievous trick
la fruta, fruit
sobre todo, above all
el higo, fig
la huerta, kitchen garden
el cura, vicar
siempre, always
subir, to go (climb) up
cantar, to sing
la cesta, basket
engañar, to deceive
rezar, to pray
la boca, mouth
la mitad, half

FRASES ÚTILES

tan listo como siempre	as nimble as ever
vamos a ver	let's see
¡qué ricos son!	how delicious they are!
de buena gana	willingly
al ver los higos	on seeing the figs
quiero que . . . cantes	I want you to sing
¿y qué quiere . . . que yo cante?	what do you want me to sing?
muy bien	all right, O.K.
en lo más alto de	at the top of
para comer tiene que cesar de cantar	he has to stop singing to eat
¿qué es eso?	what's {the matter? / this?}
en voz baja	in a low voice
soltando la carcajada	bursting into laughter

PREGUNTAS

1. ¿A quién le gustan los higos?
2. ¿Por qué no puede coger los higos el cura?
3. ¿Qué quiere que haga Periquillo?
4. ¿Por qué quiere que Periquillo cante mientras coge la fruta?
5. ¿En dónde pone los higos que coge?
6. ¿Por qué no puede comer los higos?
7. ¿Qué tiene el cura en la mano?
8. ¿En qué piensa Periquillo?
9. ¿Qué hace Periquillo mientras guarda silencio?
10. ¿Por qué guarda silencio?
11. ¿Cuántos higos llega a comer Periquillo?

PART TWO

STORIES IN THE PAST TENSE

19

UN PERRO ENCANTADOR

Sucedió en España. Los aduaneros de Irún encontraron, entre las muchas cosas que tenían que examinar, una jaula de madera que contenía un hermoso perro. Como nadie se hizo cargo de la jaula, los aduaneros decidieron adoptar el animal. Le dieron de comer, le compraron un collar y, al poco tiempo, se paseaba libremente por la estación y por la Aduana.

Una semana después se presentó un empleado de uniforme, que preguntó:

— ¿No han recibido ustedes una jaula con el lobo destinado al Jardín Zoológico?

VOCABULARIO

suceder, to happen
la madera, wood
la semana, week
el lobo, wolf
la jaula, cage
la estación, station
el empleado, official, employee

FRASES ÚTILES

sucedió en España	it happened in Spain
la jaula de madera	the wooden cage
dar de comer	to feed
un empleado de uniforme	a uniformed official

PREGUNTAS

1. ¿Dónde llegó el perro?
2. ¿Quién se hizo cargo de la jaula?
3. ¿Por qué lo adoptaron los aduaneros?
4. ¿Cómo lo trataron?
5. ¿Por qué llegó el empleado del Jardín Zoológico?

20

EL CUADRO

Un día que el gran pintor Pedro Pablo Rubens visitaba las iglesias de Madrid, acompañado de sus discípulos, entró en la capilla de un humilde convento.

Poco o nada encontró que admirar el ilustre artista en aquella pobre capilla, y ya se iba, cuando se fijó en cierto cuadro que estaba cerca de la puerta. Se acercó a él y lo examinó. Era de una joven muy bella. Su pelo negro, su cara fina y, sobre todo, su expresión de tristeza, atraían la mirada. Y, ¡qué sorpresa! ¡La joven tenía los ojos azules! Alrededor de su cuello había un collar de perlas perfectas.

El artista preguntó al capellán del convento quién había pintado aquel cuadro. El capellán contestó:

— Maestro: es usted mismo el que lo ha pintado.

VOCABULARIO

el pintor, painter
acompañar, to accompany
el convento, convent, monastery
el pelo, hair
la tristeza, sadness
azul, blue
el cuello, neck
la iglesia, church
la capilla, chapel
el cuadro, picture
la cara, face
la sorpresa, surprise
alrededor, around
la perla, pearl

FRASES ÚTILES

acompañado de alguien	accompanied by someone
ya se iba	he was just leaving
fijarse en algo	to gaze intently at something
acercarse a él	to approach it
¡qué sorpresa!	what a surprise!
tener los ojos azules	to have blue eyes
alrededor de su cuello	around her neck

PREGUNTAS

1. ¿Quién fue Rubens?
2. ¿Quiénes acompañaban a Rubens aquel día?
3. ¿Con qué motivo entraron en el convento?
4. ¿Por qué no pasaron mucho tiempo en la capilla del convento?
5. ¿Qué vio Rubens al salir de la capilla?
6. ¿De quién era aquel retrato?
7. ¿Dónde estaba colgado el cuadro?
8. ¿Qué tenía la joven alrededor del cuello?
9. Descríbase la joven.
10. ¿Quién había pintado el cuadro?

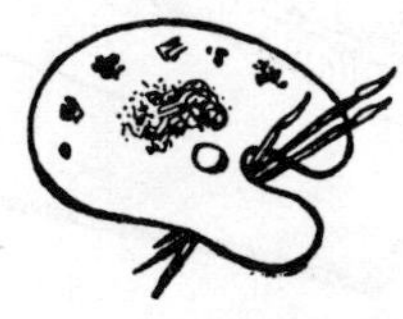

21

EL CAZADOR Y LA PANTERA

Este cuento viene de Manila, capital de las Islas Filipinas, en cuyas selvas había, hace años, toda clase de fieras.

Un famoso cazador fue a cazar a la selva y poco después llegó la noticia de su muerte.

Cuando sus parientes, que vivían en Manila, recibieron la noticia, enviaron en seguida un telegrama reclamando el cadáver.

Al cabo de unos días llegó la caja. Al abrirla, los parientes vieron con gran sorpresa que, dentro, en lugar del cazador, había una pantera muerta. Inmediatamente enviaron otro telegrama diciendo:

"GRAVE ERROR. PANTERA EN CAJA EN LUGAR DE CAZADOR."

Poco después los parientes recibieron el telegrama de contestación, que decía:

"NO HAY ERROR. CAZADOR DENTRO DE LA PANTERA."

VOCABULARIO

la isla, island
cazar, to hunt
la noticia, news
abrir, to open
la fiera, wild animal
los parientes, relatives
el telegrama, telegram
dentro, inside

FRASES ÚTILES

hace años	years ago
recibir la(s) noticia(s)	to receive the news
otro telegrama	another telegram
en seguida	at once
al cabo de unos días	after a few days
con gran sorpresa	with great surprise
en lugar del cazador	instead of the hunter

PREGUNTAS

1. ¿En qué país murió el cazador?
2. ¿Qué hicieron sus parientes al recibir la noticia de su muerte?
3. ¿Por qué enviaron el segundo telegrama?
4. ¿Dónde estaba el cadáver?

22

PAPÁ, SILBA OTRA VEZ

Hace muchos años que visité España por primera vez. Acababa de llegar a Irún, procedente de París. Después de enseñar mi pasaporte, cambiar mi dinero y pasar por la Aduana, donde los aduaneros me habían examinado el equipaje, que consistía en un baúl y una maleta grande, me dirigí a la cantina.

Después de tomar algo — una tortilla española, pan, fruta y una taza de café —, me reuní con el mozo, que se había encargado de llevar mi maleta al tren, situado junto al primer andén.

Tomé asiento en un departamento que ocupaba una familia de españoles compuesta por el padre, la madre y un hijo de unos once años.

Por fin el tren salió de la estación y pronto vino el revisor a examinar los billetes.

Mientras sus padres leían los periódicos comprados en el puesto de periódicos de la estación, Pedrito, que así se llamaba el muchacho, se aburría mucho.

Yo no, pues me gusta mirar por la ventanilla sin asomarme al exterior, porque es peligroso, y ver las casitas blancas de tejados rojos, los burros y los bueyes, las vacas y las ovejas sobre la hierba y, de vez en cuando, la pareja de la Guardia Civil a pie o a caballo.

Pedrito, que miraba por la otra ventanilla, fue abriéndola poco a poco hasta que, finalmente, pudo sacar la cabeza.

Al verle su padre le gritó:

— ¡Cuidado! El viento va a llevarse tu sombrero.

Pedrito no hizo caso de lo que su padre le decía. Este, entonces, le quitó el sombrero y lo escondió detrás de su espalda, diciendo:

— Ya lo has perdido, como te dije.

El niño comenzó a llorar. Para hacerle callar, su padre le dijo:

— No llores más, Pedrito. Silbaré y tu sombrero volverá a aparecer.

Silbó entonces y volvió a poner el sombrero en la cabeza de su hijo.

— Aquí lo tienes; no llores más y no vuelvas a asomarte.

Mientras que el padre hablaba con su mujer, yo vi cómo Pedrito tiraba el sombrero por la ventanilla y decía después a su padre:

— Papá, silba otra vez.

VOCABULARIO

enseñar, to show, teach
cambiar, to exchange
el baúl, trunk
la cantina, refreshment room
el pan, bread
el tren, train
el departamento, compartment
el billete, ticket
peligroso, dangerous
rojo, red
a pie, on foot
el caballo, horse
hasta que, until
esconder, to hide
la espalda, back
silbar, to whistle
el pasaporte, passport
el equipaje, luggage
la maleta, suitcase
dirigirse, to make for
la taza, cup
el andén, platform
la familia, family
leer, to read
el tejado, roof
la oveja, sheep
de vez en cuando, now and again
el viento, wind
detrás, behind
perder, to lose

FRASES ÚTILES

por primera vez	for the first time
pasar por la Aduana	to go through the Customs
dirigirse a la cantina	to go to the refreshment room

encargarse de algo	to take charge of something
de unos once años	about eleven years old
el puesto de periódicos	the newspaper stand
aburrirse	to be bored
mirar por la ventanilla	to look through the window
asomarse a la ventanilla	to lean out of the window
sacar la cabeza	to stick one's head out
¡cuidado!	be careful!
llevarse algo	to carry something away
hacer caso de alguien	to pay heed to someone
como te dije	as I told you
silbar otra vez	to whistle again

PREGUNTAS

1. ¿Cuándo visité España por primera vez?
2. ¿De qué país había llegado?
3. ¿Qué enseñé al llegar a la frontera?
4. ¿Quién examinó mi equipaje?
5. ¿Cuánto equipaje tenía?
6. ¿A dónde fui a comer?
7. ¿Qué comí en la cantina?
8. ¿Qué bebí en la cantina?
9. ¿Quién se encargó de mi maleta?
10. ¿Dónde estaba situado el tren?
11. El departamento en el cual tomé asiento, ¿estaba ocupado o vacío?
12. ¿Qué edad tenía el niño?
13. ¿Cómo se llamaba el niño?
14. ¿Quién examinó los billetes?
15. ¿Cómo pasaban el tiempo los padres?
16. ¿Por qué es peligroso asomarse al exterior?
17. ¿Qué se podía ver mirando por la ventanilla?
18. ¿Qué estaba haciendo Pedrito?
19. ¿Por qué le gritó a Pedrito su padre?
20. ¿Por qué le quitó el sombrero?
21. ¿Dónde lo escondió?
22. ¿Qué hizo Pedrito?
23. ¿Qué hizo su padre?
24. ¿Por qué dijo Pedrito a su padre: "Silba otra vez"?

23

LOS APUROS DE "CAPITÁN"

"Capitán" era un perro de caza, de pelo áspero, muy listo y que quería mucho a su amigo Carlos y al padre de Carlos, su amo.

Les acompañaba a todas partes y cuando querían jugar o se ponían a leer, estaba siempre a su lado. Iba con ellos cuando salían de paseo, pero si le dejaban en casa para ir el uno a la escuela y el otro a su trabajo, al volver les recibía loco de alegría.

Un sábado, después de comer, el padre de Carlos dijo que quería bañar a "Capitán" en el jardín.

— Está muy sucio — explicó a Carlos —; necesita un baño. Vete por la bañera y trae dos cubos de agua caliente.

— Primero tenemos que atar a "Capitán" — dijo Carlos — , porque, como no le gusta, si se da cuenta de que le vamos a bañar, va a escapársenos.

Pero "Capitán" ya había oído la terrible palabra BAÑO. Huyó a esconderse en la cocina, pero Carlos le encontró, le hizo salir y le ató a una pata de la mesa del jardín.

— Quédate aquí y sé bueno — le dijo — . Te pondremos tan limpio que papá dejará que te sientes en el mejor sillón.

El muchacho fue en busca de la bañera, cogió jabón, un cepillo fuerte y una toalla vieja; su padre se encargó de llevar los cubos de agua caliente.

"Capitán" lo miraba todo muy poco satisfecho. ¿Por qué no le dejaban ir sucio? No quería que le bañasen.

Empezó a morder la correa y, por fin, consiguió romperla. Dio un ladrido de alegría y salió corriendo. Conocía un escondrijo estupendo entre los arbustos del jardín y esperaría allí a que Carlos y su padre se cansaran de llamarlo.

Cuando el baño estuvo preparado, Carlos y su padre fueron a buscar al perro, pero vieron que había desaparecido. Carlos notó que la correa estaba rota. Ambos se pusieron a silbar y a llamar a "Capitán". El perro les oía perfectamente, pero no salió de su escondrijo.

Después de buscar a "Capitán" sin resultado, el padre y el hijo volvieron a entrar en casa.

"Capitán" salió por fin de su escondrijo y se acercó al pie de la ventana abierta, para escuchar lo que decían de él sus amos. Pudo oir que el padre de Carlitos exclamaba:

— Ese estúpido de perro nos ha hecho perder mucho tiempo. Ya es demasiado tarde para comprar el periódico.

El muchacho quería ir a toda costa, pero su padre no le dejó salir, porque ya era hora de acostarse.

"Capitán" se puso triste al oir que le llamaban estúpido. Recordó que Carlos debía haber ido a comprar el periódico para su padre y que siempre le acompañaba. Por fin decidió entrar y pedir perdón. Ya poco le importaba si le pegaban una paliza. Entró, pues, casi arrastrándose y con el rabo entre las patas. Carlitos le vio y exclamó:

— Mira, papá, aquí está "Capitán". Parece arrepentido de su mala conducta.

El perro tenía tanta pena que quiso pedir perdón y se puso de pie sobre las patas traseras. ¿Qué haría para recobrar el cariño de sus amos? Lamió la mano del padre de Carlos, pero éste la retiró sin mirarle. Entonces el

perro tuvo una idea estupenda. Iría a comprar el periódico. Conocía muy bien el camino y la tienda y sabía que el papá de Carlos dejaba siempre dinero sobre la mesa del despacho. Había observado que el chico dejaba todas las tardes unas cosas redondas a cambio del periódico.

Cuando llegó a la tienda de los periódicos, empujó la puerta con la cabeza, entró y se subió en una silla.

El tendero le saludó, diciendo:

— Hola, "Capitán". ¿Va a venir Carlitos? Le tengo ya el periódico.

"Capitán" dejó caer sobre el mostrador el dinero que traía entre los dientes. Como el vendedor parecía no entenderle, se puso a ladrar.

De pronto el tendero comprendió y puso el periódico entre los dientes al perro. "Capitán" volvió a casa corriendo, entró por la puerta de la cocina y se fue al comedor, moviendo el rabo con fuerza. Dejó caer el periódico sobre las rodillas del padre de Carlos. Éste, muy sorprendido, lo cogió y al ver que era de la fecha del día, dijo:

— Mira, "Capitán" ha traído el periódico. ¿Habrá ido a buscarlo a la tienda?

— Voy a ver si el dinero que pusiste en la mesa del despacho está aún allí — dijo el muchacho.

Volvió en seguida, diciendo que el dinero había desaparecido.

En aquel momento sonó el teléfono. Era el vendedor de periódicos. Les contó que "Capitán" había llegado solo a su tienda, había puesto el dinero en el mostrador y se había llevado el periódico.

— Ya sé por qué lo ha hecho, papá — exclamó — . Nos ha oído hablar del periódico y fue a buscarlo para recobrar nuestro cariño.

"Capitán" al oir estas palabras ladró alegremente, lamiendo la mano de Carlos.

— Bueno, tenemos que perdonarle — dijo el padre — . Ha demostrado ser muy listo. De ahora en adelante le mandaremos todas las tardes a buscar el periódico.

Y así fue. Todas las tardes desde aquel día, "Capitán" se fue a comprar el periódico, con gran admiración de toda la vecindad.

VOCABULARIO

querer, to like, love, want
la escuela, school
loco, mad
el sábado, Saturday
sucio, dirty
caliente, hot
romper, to break
el jardín, garden
la cocina, kitchen
el jabón, soap
ambos, both
escuchar, to listen to
el periódico, newspaper
pues, therefore, since
la tienda, shop
empujar, to push
el comedor, dining room
el amo, master
el trabajo, work
la alegría, joy
bañar, to bath(e)
el cubo, bucket
satisfecho, satisfied
estupendo, wonderful
la palabra, word
limpio, clean
el cepillo, brush
el resultado, result
demasiado, too, too much
recordar, to remember
el perdón, pardon
redondo, round
el diente, tooth
la rodilla, knee

la fecha, date
sonar, to ring out, sound
el mostrador, counter
desde, from
traer, to bring
el teléfono, telephone
mandar, to send, order
la vecindad, neighbourhood

FRASES ÚTILES

de pelo áspero	wire-haired
loco de alegría	mad with joy
estar muy sucio	to be very dirty
vete por	go and fetch
dos cubos de agua	two buckets of water
como no le gusta que le bañen	as he doesn't like being bathed
darse cuenta	to realise
sé bueno	be good
te pondremos tan limpio	we shall make you so clean
papá dejará que te sientes en el mejor sillón	daddy will let you sit in the best armchair
no quería que le bañasen	he didn't want to be bathed
un escondrijo estupendo	a wonderful hiding place
ponerse a silbar	to begin to whistle
ya es demasiado tarde	it is too late now
la hora de acostarse	bedtime
Carlos debía haber ido	Carlos was to have gone
ya poco le importaba	it didn't matter much to him now
casi arrastrándose	almost dragging himself
puso el periódico entre los dientes al perro	he put the newspaper between the dog's teeth
¿habrá ido a buscarlo?	can he have gone to fetch it?
ha demostrado ser muy listo	he has shown himself very clever
en adelante	henceforth

PREGUNTAS

1. ¿Quién era el amo de "Capitán"?
2. ¿Qué hacía "Capitán" cuando su amo volvía de su trabajo?
3. ¿Por qué querían bañar a "Capitán"?

4. ¿Por qué tenían que atar a "Capitán" antes de bañarle?
5. ¿A dónde le ataron?
6. ¿Qué otros preparativos faltaban?
7. ¿Quién llevó el jabón, el cepillo y la toalla?
8. ¿Quién fue a buscar el agua caliente?
9. ¿Qué hizo el perro mientras le preparaban el baño?
10. ¿En dónde se escondió?
11. ¿Qué hicieron Carlos y su padre al darse cuenta de que no estaba "Capitán"?
12. ¿Le encontraron?
13. ¿Qué hizo "Capitán" después de salir de su escondrijo?
14. ¿Por qué se puso triste?
15. ¿Cómo entró en la casa?
16. ¿En qué pensaba "Capitán"?
17. ¿Qué hizo al llegar a la tienda?
18. ¿Por qué se puso a ladrar?
19. ¿Qué hizo con el periódico?
20. ¿Por qué fue Carlos al despacho?
21. ¿Qué descubrió?
22. ¿Quién telefoneó?
23. ¿Qué dijo el vendedor de periódicos?
24. ¿Por qué había ido a buscar el periódico "Capitán"?
25. ¿Qué había demostrado el perro?
26. ¿Cuál fue el resultado del suceso?

24

EL MONO ACUSADOR

Cuando estuve en la India fui testigo de un suceso extraordinario. Un día vimos entrar en la ciudad un mono lleno de agitación. Gesticulaba y extendía las manos en dirección de un bosque vecino, invitándonos a seguirle.

— Sigamos al mono — dijo un habitante del país que presenciaba la escena —; de seguro quiere enseñarnos algo.

Varios hombres empezaron a andar detrás del mono y la curiosidad me movió a seguirles.

El mono nos llevó hasta un sitio apartado del bosque, donde la tierra estaba recién removida y empezó a escarbar con ardor.

Hicimos como él y no tardó en presentársenos un espectáculo, que nos llenó de horror: el cadáver de un hombre que parecía haber perdido la vida algunas horas antes. Uno de nosotros fue a la ciudad y volvió con un policía.

El mono no parecía aún satisfecho. Invitándonos de nuevo a seguirle, volvió a la ciudad y corrió de calle en calle, mirando y oliendo por todas partes. Al fin se lanzó con furia contra una puerta cerrada.

Llamaron, pero nadie respondió; volvieron a llamar más fuerte y siguió el mismo silencio. Derribaron entonces la puerta y, en el interior, encontraron a dos hombres de aspecto sospechoso, que, sin duda, trataban de ocultarse, puesto que no habían querido abrir.

A la vista del mono quedaron aterrorizados; el mono, por su parte, quiso lanzarse sobre ellos y nos costó trabajo contenerle. Observamos, por último, que más que hacerles daño, quería llamar nuestra atención hacia una herida que uno de ellos tenía en un pie. Inútil tratar de ocultarla. Al examinarla el funcionario de la policía dedujo que debía provenir de la mordedura de un mono y que había sido hecha pocas horas antes. Inmediatamente acusó a los dos hombres de la muerte en cuestión.

— ¿Dónde estaban ustedes hace algunas horas? ¿De dónde vienen? ¿Qué hacen aquí? ¿Por qué querían ocultarse? ¿De qué les conoce este mono?

Los culpables se turbaron y uno de ellos acabó por confesar. He aquí los detalles de su confesión:

El mono pertenecía al asesinado. Éste era un rico labrador que regresaba de la ciudad después de haber retirado cierta suma del banco. El mono había hecho esfuerzos por defender a su amo; durante la lucha había mordido a uno de los asesinos, huyendo después a refugiarse en un árbol. Los criminales le habían dejado escapar, sin sospechar que un animal podría denunciar su crimen y atraer sobre ellos el castigo merecido.

VOCABULARIO

el suceso, event
el habitante, inhabitant
de seguro, surely
de nuevo, again
llamar, to call, knock
la vista, sight
el daño, harm, damage
la atención, attention
la muerte, death
el labrador, farmer
el esfuerzo, effort
seguir, to follow
presenciar, to see, witness
el policía, policeman
la puerta, door
sin duda, doubtless
más que, rather than (more than)
la herida, wound
el detalle, detail
el banco, bank
la lucha, struggle

FRASES ÚTILES

sigamos al mono	let's follow the monkey
no tardó en presentársenos un espectáculo, que nos llenó de horror	it was not long before a terrible sight confronted us
el mono no parecía aún satisfecho	the monkey did not seem to be satisfied yet
corrió de calle en calle, mirando y oliendo por todas partes	he ran from street to street looking and sniffing everywhere
nadie respondió	no one answered
derribaron entonces la puerta	the door was then forced open
nos costó trabajo contenerle	we had great trouble in holding him back
más que hacerles daño	rather than doing them hurt
acabó por confesar	he finally confessed
he aquí los detalles	here are the details

PREGUNTAS

1. ¿En qué país tuvo lugar este suceso?
2. ¿Qué hacía el mono al entrar en la ciudad?
3. ¿Quién presenció la llegada del mono?
4. ¿Por qué siguió el autor a los hombres?
5. ¿A dónde se dirigieron?

6. ¿Qué hicieron los hombres y el mono?
7. ¿Qué descubrieron?
8. ¿Cómo se enteró un policía del suceso?
9. ¿Qué hizo después el mono?
10. ¿Qué buscaba el mono?
11. ¿Por qué no querían abrir los dos hombres?
12. ¿Les gustó a los dos hombres ver al mono?
13. ¿Con qué objeto quiso lanzarse el mono sobre los hombres?
14. ¿Qué habían hecho los dos hombres?
15. ¿Qué había hecho el mono durante la lucha?

25

LA CAZA DEL LEÓN

— Prepárese, amigo, a recibir mañana una de las emociones mayores de su vida: la caza del león, con todos sus peligros. El rey de los animales es fuerte y astuto y cuando su libertad está amenazada, lucha desesperadamente — dijo Juan García, el famoso cazador.

— Estoy acostumbrado a las emociones fuertes y espero que la caza no me decepcionará — contestó don Pedro, el médico.

— Seguramente, no. En estos lugares abundan las fieras y, además traemos buena carnada.

— ¿Se refiere usted a las cebras?

— Sí, doctor. Su carne es para los leones lo que para nosotros un buen pavo bien guisado. Los reyes de la selva perciben el olor de las cebras a mucha distancia y, por devorar su carne sabrosa, se atreven a todo.

Estaban en el corazón de la selva. Formaban la expedición dos hombres blancos: don Pedro Fernández, médico cirujano y don Juan García, joven atlético, de rostro moreno, tostado por el sol de África durante sus interminables cacerías, y veinticinco negros robustos, de piel brillante y músculos de acero.

Era noche ya y todo el mundo dormía, excepto los dos amigos, que hablaban y fumaban a la luz de las hogueras. Antes de acostarse, los negros, cansados de la larga jornada a pie con el pesado equipaje sobre sus espaldas, habían encendido grandes hogueras alrededor del campamento, como defensa contra las fieras.

— Vamos a acostarnos — dijo Juan —. Hasta mañana. No duerma lejos de su escopeta, por si acaso.

— No tenga cuidado — contestó el médico —; la dejo siempre al alcance de la mano. Buenas noches.

. . . .

Al día siguiente, al amanecer, se pusieron en camino. Avanzaban en fila india, lentamente, entre la espesura de la selva.

Juan García y Pedro Fernández iban a la cabeza y los negros, cargados con todos los bultos y conduciendo también dos hermosas cebras, les seguían.

— ¡Alto aquí! — gritó Juan García, al encontrar un sitio que le pareció bueno para sus planes —. Vamos a preparar la trampa.

Necesitaron más de tres horas para prepararla. Primeramente hicieron un foso grande, sobre el cual extendieron una fuerte red, cubriéndola con ramas y follaje. A cada esquina sujetaron un grueso cable que ataron a los árboles. La trampa estaba tan bien hecha que era imposible descubrirla. A su lado pusieron una de las cebras. Después, algunos de los negros treparon a los árboles con agilidad de monos, sujetando los cuatro cables en espera de la señal convenida, para tirar con fuerza de los cables y cerrar la red como una bolsa al caer la fiera en la trampa.

Los dos cazadores se escondieron en la espesura, esperando el momento de entrar en acción.

— Creo, amigo Juan — dijo el doctor — , que los leones le huelen de lejos y le conocen.

En aquel momento, un ruido entre los arbustos les hizo callar. Un magnífico león, atraído por el olor de las cebras, avanzaba con precaución, habiendo percibido también el olor de la carne humana. Moviendo la cola

en nervioso movimiento de péndulo, con la cabeza levantada y ojos brillantes, el león se acercaba majestuosamente.

Los hombres apenas respiraban y don Pedro sentía las palpitaciones de su corazón. Observó a su compañero que, serenamente, apuntaba con su escopeta a la fiera por entre las ramas y también él preparó su arma.

Un rugido estremeció la selva y en un salto prodigioso las zarpas de la fiera entraron en la carne de la cebra, que se defendía desesperadamente. La lucha fue breve; de pronto el león perdió pie y cayó en la trampa, desapareciendo bajo las ramas. Juan García dio la señal convenida y los negros tiraron con todas sus fuerzas de los cables, cerrando así la bolsa.

La fiera, vencida, lanzaba rugidos salvajes.

Empezó entonces la peligrosa tarea de meter al león en una jaula preparada antes con troncos de árboles.

— ¡De prisa! ¡De prisa! — gritaba Juan —. Si no nos damos prisa se acercarán otros leones al oir los rugidos.

En efecto, pronto se oyeron los rugidos de otros leones. Las escopetas empezaron a funcionar y, al poco tiempo, toda la selva estaba llena del ruido de los disparos y de los rugidos de las fieras. Mientras tanto, los negros habían podido encerrar al león en la jaula.

Hubo unos momentos de pánico. Los leones atacaban salvajemente y los cazadores disparaban sin cesar.

Una de las fieras se lanzó sobre un negro, que trató de huir en vano. Fue un momento terrible. El médico se disponía a disparar sobre el grupo que formaban el negro y el león, cuando don Juan le gritó:

— ¡Cuidado! Puede matar usted al hombre. Dispare contra los otros leones. Ya se encargarán los negros de matar a éste.

El infeliz negro se defendía heroicamente, dispuesto a vender cara su vida, y tratando de clavar su cuchillo en el corazón de la fiera. Otros dos negros acudieron en su ayuda, atacando al león a cuchilladas. La fiera lanzó un rugido final y cayó muerta. El negro, cubierto de heridas profundas, fue recogido por sus compañeros. Los demás leones entretanto, se retiraron hacia la selva y don Pedro pudo atender al negro herido.

Horas más tarde la expedición se puso en marcha. El herido fue colocado en una camilla. A hombros de un grupo de negros iba la jaula con el león cazado que tanta sangre había costado.

VOCABULARIO

el rey, king
abundar, to abound
traer, to bring
guisar, to cook
amenazar, to threaten
además, besides
el pavo, turkey
el olor, scent, smell

la carne, meat, flesh
el rostro, face
el acero, steel
la jornada, journey
encender, to light
acaso, perhaps
la fila, file
la esquina, corner
la bolsa, purse, bag
el león, lion
respirar, to breathe
la señal, signal
atacar, to attack
infeliz, unfortunate
herir, to wound
colocar, to place
la sangre, blood
el corazón, heart
la piel, skin
la luz, light
pesado, heavy
la escopeta, gun
el amanecer, dawn
la red, net
trepar, to climb
esconderse, to hide
la cola, tail
apuntar, to aim
el tronco, trunk
disparar, to shoot
caro, dear
la hora, hour
el grupo, group
costar, to cost

FRASES ÚTILES

espero que no me decepcionará	I hope I shall not be disappointed
seguramente, no	surely not
bien guisado	well-cooked
atreverse a todo	to dare anything
tostado por el sol	sun-tanned
músculos de acero	steel-like muscles
a la sombra	in the shade
vamos a acostarnos	let's go to sleep
por si acaso	just in case
al día siguiente	the next day
ponerse en camino	to set out
darse prisa	to hurry
¡cuidado!	be careful!
vender cara la vida	to pay dearly for one's life
otros dos negros	two other negroes
caer muerto	to fall dead
acudir en ayuda de alguien	to run to the aid of someone

PREGUNTAS

1. ¿En qué país estaban los cazadores?
2. ¿Cómo se llamaban los dos hombres blancos?
3. ¿Qué animal tiene la fama de ser el rey de la selva?
4. ¿Qué traían los cazadores como carnada?
5. ¿Les gusta la carne de cebra a los leones?
6. ¿Cómo lo saben los cazadores?
7. Descríbase al señor García.
8. ¿Para qué servían los veinticinco negros?
9. ¿Dónde estaban por la noche?
10. ¿Qué estaban haciendo los blancos?
11. ¿Y los negros?
12. ¿Por qué estaban cansados los negros?
13. ¿Qué hicieron antes de acostarse?
14. ¿A qué hora se pusieron en camino al día siguiente?
15. ¿Cómo caminaban por la selva?
16. ¿Quién iba a la cabeza?
17. ¿Con qué iban cargados los negros?
18. Descríbase la manera de preparar la trampa.
19. Después de preparar la trampa, ¿dónde se escondieron los cazadores? ¿Y los negros?
20. ¿Qué animal fue el primero en llegar?
21. ¿Qué le había atraído?
22. ¿Por qué avanzaba la fiera con precaución?
23. ¿Cómo atacó a la cebra?
24. ¿Con qué resultado?
25. ¿Cuándo se dio la señal convenida para tirar de los cables?
26. ¿En dónde metieron al león capturado?
27. ¿Por qué era necesario darse prisa?
28. ¿Qué ocurrió después de encerrar al león en la jaula?
29. ¿Cómo se defendió el negro del ataque del león?
30. ¿Quién mató al león que luchaba con el negro?
31. ¿En dónde colocaron al negro herido?

PART THREE

POEMS

26

ADIVINA

Vengo de padres cantores
Aunque yo no soy cantor.
Tengo los hábitos blancos
Y amarillo el corazón
¿Qué soy?

Caminando, caminando,
sin tener pies para andar,
Me paso la vida dando
sin tener nada que dar.
¿Qué soy?

VOCABULARIO

adivinar, guess (solve a riddle)
aunque, although
amarillo, yellow
andar, to walk
cantor, singing
el hábito, habit, dress
caminar, to travel
dar (las ocho), to strike (eight)

27

MI CABALLO

Yo tengo un lindo caballo
que es muy manso y corredor.
Tiene un trote que es muy suave,
y un galope que es mejor.
Cuando salgo de paseo,
por los campos al redor,
corre y corre el caballito,
corre y corre con ardor.

Por los prados
dilatados,
por las canchas
largas y anchas,
no me canso
con mi manso
caballito de correr.

Por las granjas,
salto zanjas.
Sudoroso,
no reposo.
La carrera
bien ligera
me da mucho más placer.

Hasta que al fin mi caballo
se baña todo en sudor,
sin que por eso se amengüen
su ligereza y su ardor.

Le sujeto
cuando inquieto
pide rienda
con tremenda
ansia loca,
y en su boca
tasca el freno sin cesar . . .

Paso a paso
salgo al raso,
y él, altivo,
marcha vivo,
alza el cuello
y un destello
audaz tiene en su mirar.

Oh, ¡qué lindo es mi caballo,
que es tan manso y corredor!
Tiene un trote que es muy suave,
y un galope que es mejor.

VOCABULARIO

manso, gentle
al redor (alrededor), around
la cancha, level piece of ground
la granja, farm
la carrera, run, race
el sudor, sweat
la ligereza, speed
el ansia, desire

corredor, speedy
dilatado, vast
ancho, broad
la zanja, ditch
el placer, pleasure
amenguar, to diminish
la rienda, rein
tascar el freno, to bite the bridle

al raso, in the open
alzar, to raise
audaz, bold, daring

altivo, proud
el destello, flash
el mirar, eyes

28

POEMA FUTBOLÍSTICO

Este poema canta el gol inolvidable que el ariete bilbaíno, Zarra, consiguió en el partido de fútbol España-Chile de Río de Janeiro.

Livingstone entre sus brazos
aprisiona a toda España.
Todo Chile es impotente
ante las botas de Zarra.
Son igual que dos ejércitos
que se vigilan y aguardan:
el uno es artillería,
aviación y metralla;
un obús en cada bota
y en la cabeza una lanza.
El otro es la fortaleza,
con sus torres, con su guardia,
con su foso y con su puente
levadizo sobre el agua.
De pronto, cae el balón,
muy cerca, a los pies de Zarra;
lo coge, busca de un salto
la portería contraria,
encendiendo el graderío
en una queja angustiada.
Un defensa se ha quedado
atónito de esperanzas
y Farías clama al cielo
la gracia de su desgracia.

Hasta Livingstone, fuera,
quiere detener la carga,
pero va todo en espíritu
entre las botas de Zarra.
Ni defensas, ni porteros,
ni un milagro le pararan,
y caen dentro de la red
balón, jugador y España.

PEDRO DE MIRANDA

VOCABULARIO

el ariete, centre forward
el ejército, army
la metralla, grapeshot
la fortaleza, fortress
el foso, moat
el balón, ball
el salto, jump
el graderío, stands (spectators)
un defensa, a back
clamar, to cry out
fuera, outside
la carga, charge
el portero, goalkeeper
la red, net
la bota, boot
vigilarse, to watch each other
un obús, shell
la torre, tower
el puente levadizo, drawbridge
la portería, goal
la queja angustiada, moan of anguish
hasta, even
detener, to stop
el espíritu, spirit
el milagro, miracle
el jugador, player

29

CONCIERTO

¡Mu! la dócil vaca muge
y lo mismo el manso buey;
rebuzna el paciente burro,
y la oveja bala ¡be! . . .

Brama el toro corpulento,
y ladra el perro: ¡bau, bau!
Relincha el potro impaciente,
y el gato maulla: ¡miau!

Pía el pollo: pío, pío,
y el chancho gruñe: o, o, o;
¡quiquiriquí! canta el gallo,
y la gallina: clo, clo . . .

El pato castañetea
diciendo: tue, tue, tue, tue;
el ganso casero grazna,
y el bello cisne también.

¡Arru! la paloma arrulla,
y gime la tortolita;
trinan las aves cantoras,
los loros hablan y gritan.

Chillan monos y chicharras,
la abeja zumba al volar . . .
Este es, ¡oh, niño! el concierto
que forma el reino animal.

VOCABULARIO

mugir, to low
la oveja, sheep
bramar, to bellow
el potro, colt
el pollo, chicken
castañetear, make a rattling noise
graznar, to cackle
la paloma, dove
gemir, to moan
trinar, trill
el loro, parrot
la chicharra, cicada
zumbar, to buzz
rebuznar, to bray
balar, to bleat
relinchar, to whinny
el chancho, pig
piar, to peep, chirp
casero, domestic
el cisne, swan
arrullar, to coo
la tortolita, small turtle-dove
el ave cantora, singing bird
chillar, to screech
la abeja, bee
el reino, kingdom

30

CANCIÓN DE ADIÓS

Adiós, con el corazón,
que con el alma no puedo;
al despedirme de ti
de sentimiento me muero.

Tú serás el bien de mi vida;
tú serás el bien de mi alma;
tú serás el pájaro pinto
que, alegre, canta por la mañana.

VOCABULARIO

canción de adiós, a farewell song
despedirse, to say goodbye
pinto, coloured, beautiful
el alma, the soul
la vida, life

VOCABULARY

The reader is asked to bear in mind that the following classes of words are *not* included in this vocabulary:

1. Words exactly alike in both languages, e.g. *idea, error.*
2. Words alike except where the Spanish word has a single consonant instead of a double, e.g. *confesión.*
3. Words ending in *-ción* or *-dad* (or *-tad*), which are equivalent to the corresponding English words ending in *-tion* or *-ty*, respectively, e.g. *nación, acción, colección, agilidad, dificultad.*
4. Words ending in *-or* or *-oso*, equivalent to the corresponding English words ending in *-our* or *-ous*, respectively, e.g. *ardor, curioso.*
5. Feminine nouns or adjectives formed by changing the final *-o* of the masculine to *-a*, so long as the masculine form is already included, e.g. *criado, criada*; *novio, novia*; *negro, negra.*
6. Adverbs ending in *-mente* (*-ly* in English) if the corresponding adjective has been given, e.g. *inútil, inútilmente.*
7. Parts of verbs, other than the infinitive and irregular past participles, e.g. *abrir, abierto.*

A

a, *to, at, in*
abierto, *open* (*Irreg. Past Participle of* abrir)
abrir, *to open*
abundar, *to abound*
aburrirse, *to be bored*
acabar, *end*; acabar de, *to have just*
acampar, *to camp*
acariciar, *to stroke, caress*
acaso, *perhaps, perchance*
el aceite, *oil* (*olive*)
acercar(se), *to approach*
el acero, *steel*
acompañar, *to accompany*
acordarse, *to remember*
acostarse, *to lie down, go to bed*
acostumbrado, *accustomed*
acudir, *to run up to*
acusar, *to accuse*
en adelante, *henceforth*
además, *besides, moreover*
el adivinador, *guesser*
adivinar, *to guess*
adoptar, *to adopt*
la Aduana, *Customs*
el aduanero, *customs officer*
afligirse, *to be distressed*
africano, *African*
el agua (f.), *water*
ahí, *here*
ahora, *now*
el aire, *air*
al alcance, *in reach*
alcanzar, *to reach, catch up*
el aldeano, *villager*

alegrarse, *to be glad*
alegremente, *happily*
la alegría, *joy*
algo, *something*
alguno, *some (body)*
alrededor de, *around*
alterado, *angry*
alto, *high, tall*
¡Alto!, *Halt!*
allí, *there*
al amanecer, *at daybreak*
amarillo, *yellow*
ambos, *both*
amenazar, *to threaten*
americano, *American*
el amigo, *friend*
el amo, *master*
andar, *to walk*
el andén, *platform*
el anillo, *ring*
el anochecer, *nightfall*
antes, *before*
anunciar, *to announce*
el año, *year*
apagar, *to switch off, put out*
aparecer, *to appear*
apartado, *aside, isolated*
apenas, *hardly*
apostar, *to bet*
la apuesta, *bet*
apuntar, *to aim at*
los apuros, *troubles*
aquel, *that*
aquí, *here*
el árbol, *tree*
el arbusto, *bush*
el arma (f.), *weapon*
el armario, *cupboard*
arrancar, *to start*
arrastrar, *to drag*
arrepentirse, *to repent, regret*
el arroyo, *stream*
el artista, *artist*
asegurar, *to affirm*
el asesinado, *assassinated man*
el asesino, *assassin*
así, *thus, so*; -que, *as soon as*
el asiento, *seat*
asimismo, *likewise*
asomarse, *to lean (or look) out*
el aspecto, *appearance*
áspero, *rough*; -de pelo, *wire haired*
astuto, *cunning*
asustarse, *to take fright*
atacar, *to attack*
atar, *to attach, tie, bind*
aterrorizado, *terrified*
atraer, *to attract*
atravesar, *to cross*
atreverse, *to dare*
aún, *still, yet, even*
aunque, *although*
avanzar, *to move forward, advance*
la ayuda, *help, assistance*
ayudar, *to help*
azul, *blue*

B

bajar, *to come (go) down, descend*
bajo, *low, under*
el banco, *bank*
la banda, *band*
bañar, *to bath(e)*
la bañera, *bath tub*
el baño, *bath*
el baúl, *trunk*
beber, *to drink*
bello, *beautiful*
el billete, *ticket*
blanco, *white*
la boca, *mouth*
el bocado, *mouthful*
la bolsa, *bag*
la bondad, *kindness*
el borde, *edge, side*
el bosque, *woods*
breve, *brief, short*
la Brigada, *Brigade, Troop*
brillante, *shiny*
bueno, *good*
el buey, *ox*

el bulto, *bundle, package*
el burro, *donkey*
en busca de, *in search of*
buscar, *to look for, fetch*

C

¡Ca!, *no, indeed*
el caballo, *horse*
la cabeza, *head*
el cable, *cable rope*
el cabo, *end*; al -de, *at the end of*
la cacería, *hunt*
cada, *each*
el cadáver, *corpse, dead body*
la cadena, *chain*
caer, *to fall*
el café, *coffee, café*
la caja, *box; coffin*
caliente, *hot*
caluroso, *hot (weather)*
calvo, *bald*
callar, *to be silent, stop talking*
la calle, *street*
la cama, *bed*
el camarero, *waiter*
cambiar, *to change, exchange*
a cambio de, *in exchange for*
la camilla, *stretcher*
caminar, *to travel*
el camino, *road, way*
el campamento, *camp*
el campesino, *countryman*
el campo, *country, field*
cansado, *tired*
cansarse, *to get tired*
cantar, *to sing*
la cantidad, *quantity*
la cantina, *refreshment room*
cantor, *singing*; el-, *singer*
capaz, *capable*
el capellán, *chaplain*
el capitán, *captain*
la cara, *face*
¡caramba!, *'pon my word!, gracious!*
la carcajada, *peal of laughter*
cargado, *loaded*
cargar, *to load, carry, charge*
el cariño, *love, affection*
la carnada, *bait*
la carne, *meat, flesh*
caro, *dear*
la carta, *letter*
el cartero, *postman*
la casa, *house*; en-, *at home*
casi, *almost*
el castigo, *punishment*
catorce, *fourteen*
la caverna, *cave*
la caza, *hunt, chase*
el cazador, *hunter, a man out shooting*
cazar, *to hunt*
la cebra, *zebra*
celebrar, *to approve*
la cena, *supper, evening meal*
el cencerro, *(cow)bell*
el céntimo, *centime (100th part of a peseta)*
el cepillo, *brush*
cerca de, *near*
el cerdito, *little pig*
cerrar, *to close*
cesar, *to cease, stop*
la cesta, *basket*
el cielo, *sky, heaven*
cierto, *certain*
el cirujano, *surgeon*
la ciudad, *city, town*
¡claro!, *of course*
la clase, *class*
clavar, *to stick in*
cocer, *to cook*
la cocina, *kitchen*
la codicia, *covetousness, greediness*
coger, *to pick, gather, take*
la cola, *tail*
colgar, *hang, suspend*
colocar, *to place*
el collar, *necklace*
el comandante, *commander, major*
el comedor, *dining-room*
comer, *to eat*
el comercio, *commerce*

como, *as, like*
el compañero, *companion*
comprar, *to buy*
comprender, *to understand*
compuesto, *composed*
concentrado, *absorbed*
conducir, *to lead*
la conducta, *behaviour*
confesar, *to confess*
conocer, *to know*
conque, *so*
conseguir, *to succeed, obtain*
consigo, *with himself*
contagiar, *infect*
contar, *to relate, count*
contener, *to hold back*
la contestación, *answer, reply*
contestar, *to answer, reply*
continuar, *to continue*
convenido, *agreed, prearranged*
el convento, *convent, monastery*
el corazón, *heart*
a coro, *in chorus*
la correa, *leash*
corredor, *running*
correr, *to run*
corto, *short*
la cosa, *thing*
la costa, *coast*
costar, *to cost*; -trabajo, *take an effort*
la costumbre, *habit*
el Credo, *Creed*
el criado, *man-servant*
el crimen, *crime*
el cristal, *glass, windowpane*
cruzar, *cross*
el cuadro, *picture*
cualquier, *any*
cuando, *when*
cuanto(s), *how many*; en cuanto, *as soon as*
cubierto, *covered*
el cubo, *bucket*
la cuchillada, *knife thrust*
el cuchillo, *knife*
el cuello, *neck*
el cuento, *story*
la cuerda, *string, cord*
la cuestión, *question*
el cuidado, *care*; ¡-!, *Mind!, Be careful!*
cuidar, *to take care of*
el cura, *vicar, parish priest*
curar, *to cure*
cuyo, *whose*
el chico, *boy*
chiquito, *boy*

D

la dama, *lady*
el daño, *harm, damage*
dar, *to give, strike*; dar miedo, *to scare*
darse cuenta, *to realise*
darse la vuelta, *to turn over*
debajo (de), *under (neath)*
deber, *to have to*
decepcionar, *to disappoint*
decidir, *to decide*
decir, *to tell, say*
dedicado a, *specialised in*
el dedo, *finger, toe*
deducir, *to deduce*
defender, *to defend*
la defensa, *defence*
dejar, *to leave*
los demás, *the remainder, the others*
demasiado, *too, too much*
demostrar, *to demonstrate, show*
dentro, *inside, within*
denunciar, *denounce*
el departamento, *compartment*
derribar, *to break down*
desaparecer, *to disappear*
desayunar(se), *to have breakfast*
descansar, *to rest*
la descarga, *shot, discharge*
descubrir, *to discover*
desde, *from*
el deseo, *desire, wish*
desesperadamente, *desperately*

la desgracia, *misfortune*
desgraciadamente, *unfortunately*
el desnivel, *unevenness*
desnudar (se), *to undress*
el despacho, *study*
despertar, *to awaken*
después (de), *after*
destinado, *destined*
el detalle, *detail*
detenerse, *to stop*
detrás (de), *behind*
devolver, *to return, give back*
devorar, *to devour*
el día, *day*
dibujar, *to draw*
el dibujo, *drawing*
el diente, *tooth*
el dinero, *money*
Dios, *God*
el discípulo, *student, pupil*
el disgusto, *displeasure*
disparar, *to shoot, fire*
el disparo, *shot*
disponerse, *to prepare*
dispuesto, *ready*
la distancia, *distance*
distraído, *absent-minded*
la docena, *dozen*
el dolor, *pain*
el donativo, *subscription, donation*
donde, *where*
dorado, *golden*
dormir, *to sleep*; -se, *to fall asleep*
la duda, *doubt*
el dueño, *owner*
durante, *during*
duro, *hard*

E

echar, *to throw*; -a, *to begin to*
la edad, *age*
en efecto, *in fact*
por ejemplo, *for example*
elegir, *to choose*
sin embargo, *however*
la emoción, *thrill*
empezar, *to begin*
el empleado, *employee*
empujar, *to push*
encantador, *enchanting*
encargado, *charged*
encargarse, *to take charge, see to*
encender, *to light*
encerrar, *to enclose*
encontrar, *to find*
encontrarse con, *to meet*
enfermar, *to become ill*
enfermo, *ill*
engañar, *to deceive*
enorme, *enormous*
enseñar, *to show, teach*
entender, *to understand*
enterarse, *to find out*
entonces, *then*
entrar, *to enter*
entre, *between, among*
entregar, *to hand, give*
entretanto, *meanwhile*
enviar, *to send*
envuelto, *wrapped up*
el equipaje, *luggage*
escapar(se), *to escape*
escarbar, *to scratch*
la escena, *scene*
esconder (se), *to hide*
el escondrijo, *hiding place*
la escopeta, *gun*
escribir, *to write*
escuchar, *to listen to*
el escudo, *shield*
la escuela, *school*
el esfuerzo, *effort*
el espacio, *space*
la espalda, *back*
el espectáculo, *spectacle*
el espejo, *mirror*
en espera de, *awaiting*
esperar, *to wait for, hope*
espeso, *thick*
la espesura, *thickness, dense part*
la espuma, *foam*

la esquina, *corner*
la estación, *station*
el estanque, *pool*
estar, *to be*
éste, *this one, the latter*
estremecer(se), *to shake*
estudiar, *to study*
estupendo, *marvellous, wonderful*
estúpido, *stupid*
explicar, *to explain*
el explorador, *explorer*
extender, *to hold, extend*

F

facilitar, *to facilitate, make easy*
faltar, *to be missing, be necessary*
la familia, *family*
por favor, *please*
la fecha, *date*
feliz, *happy*
festejar, *to fête, entertain*
la fiera, *wild animal*
fiero, *savage, wild*
la fiesta benéfica, *party for charity*
fijarse, *to fix one's eyes, pay attention, gaze*
la fila, *row, file*
en fila india, *in Indian file*
el fin, *end*; al-, *at last*
en fin, *at last, however*
la firma, *signature*
sin firmar, *unsigned*
la flecha, *arrow*
la flor, *flower*
el follaje, *foliage*
la fonda, *inn*
formar, *to form*
el forro, *lining*
el foso, *ditch*
fresco, *cool*
frío, *cold*
la fruta, *fruit*
fue, *it was* (*from* ser), *he went* (*from* ir)
el fuego, *fire*
fuera, *outside, away*
fuerte, *strong*
la fuerza, *strength*
fumar, *to smoke*
funcionar, *to work*
el funcionario, *official*
la furia, *fury*
furtivamente, *stealthily*

G

la gallina, *hen*
el gallo, *cock*
la gana, *desire*; de buena-, *willingly*
el ganado, *flock, herd, cattle*
el ganso, *goose*
el gato, *cat*
la gente, *people*
gesticular, *to gesticulate*
el gol, *goal*
el golpe, *blow, shot*
gordo, *fat*
gritar, *to cry out*
el grito, *shout, cry*
grueso, *thick*
el grupo, *group*
guardar, *to keep, guard*
guisar, *to cook*
gustar, *to please*
el gusto, *pleasure, taste*

H

haber, *to have*
la habitación, *room*
el habitante, *inhabitant*
el hábito, *clothing, habit*
hablar, *to speak, talk*
hace, *ago*
hacer, *to do, make*
hacerse cargo, *to take charge*
hacia, *towards*
hallar, *to find*; -se, *to be*
el hambre (f.), *hunger*
hambriento, *hungry*
la harina, *flour*
hasta, *up to, until*
hay, *there is* (*are*)

he aquí, *here is* (*are*)
hecho, *done, made* (*Past participle of* hacer)
la herida, *wound*
hermoso, *beautiful*
heróicamente, *heroically*
el higo, *fig*
la higuera, *fig-tree*
el hijo, *son*
el himno, *hymn*
el hocico, *snout, nose of animal*
la hoguera, *bonfire*
¡Hola!, *Hello!*
el hombre; ¡hombre! (*Interjection*), *man*
los hombros, *shoulders*; a-de, *on the shoulders of*
el hongo, *mushroom*
honrar, *to honour*
la hora, *hour, time*
hubo, *there was* (*from* haber)
huele, *it smells, scents*
la huerta, *orchard, kitchen garden*
el huevo, *egg*
huir, *to flee*
humano, *human*
humilde, *humble*

I

la iglesia, *church*
igual, *like; equal*
ilustre, *famous*
imitar, *to imitate*
el indio, *Indian*
infeliz, *unhappy*
inmediatamente, *immediately*
intentar, *to intend, try*
interrumpir, *to interrupt*
introducirse, *to get into*
inútil, *useless*
invadir, *to invade*
invitar, *to invite*
ir, *to go*; -se, *to go away*
izquierdo, *left*

J

el jabón, *soap*
el jardín, *garden*
la jaula, *cage*
la jornada, *journey, day's march, day's work*
joven, *young*
el júbilo, *joy*
el jueves, *Thursday*
jugar, *to play*
el jugo, *juice*
el julio, *July*
junto a, *near to*
juntos, *together*

L

el lado, *side*
ladrar, *to bark*
el ladrido, *bark*
el ladrón, *robber, thief, burglar*
lamer, *to lick*
la lanza, *spear*
lanzar, *to throw*(*fig. utter*)
largo, *long*
la lástima, *pity*
leer, *to read*
lejos, *far*
lentamente, *slowly*
el león, lion
levantar, *to raise*; -se, *to get up*
leyendo, *reading*(*from* leer)
la libra, *pound*
librar de, *to preserve from*
la libreta, *notebook*
limpio, *clean*
lindo, *pretty*
listo, *ready, quick, lively, clever*
el litro, *litre* (*about* $1\frac{3}{4}$ *pints*)
el lobo, *wolf*
loco, *mad*
lograr, *to succeed, manage*
el lomo, *back* (*of animal*)
la lucha, *struggle*
luchar, *to fight*
luego, *then*
el lugar, *place, hamlet, village*
en lugar de, *instead of*
la lumbre, *fire*
la luz, *light*

LL

llamar, *to call*; -la atención, *to attract (or draw) attention*
llano, *level*
llegar, *to arrive*
llenar, *to fill*
lleno, *full*
llevar, *to carry, wear*
llevarse, *to carry away*
llorar, *to weep*

M

la madera, *wood, timber*
magnífico, *splendid, magnificent*
majestuosamente, *proudly*
la maleta, *suitcase*
malo, *bad*
mandar, *to order, give orders, send*
la manera, *way, manner*
la mano, *hand*
la manzana, *apple*
la mañana, *morning* (mañana, *to-morrow*)
marcharse, *to go, leave*
el marido, *husband*
mas, *but*
más, *more*
más que, *more (rather) than*
matar, *to kill*
las matemáticas, *mathematics*
el mayor, *senior*
el médico, *doctor*
el medio, *middle, way, half*
en medio de, *in the midst of*
por medio de, *by means of*
mejor, *better*
el mejor, *best*
el mercado, *market*
merecido, *deserved, due*
el mes, *month*
la mesa, *table*
meter, *to put into*
el miedo, *fear*
mientras (que), *while*
mientras tanto, *meanwhile*
el minuto, *minute*
la mirada, *gaze, eyes*
mirar, *to look at*
mismo, *same, self*
la mitad, *half*
de modo que, *so that*
molestar, *to give trouble*
la molestia, *nuisance*
el momento, *moment*
la moneda, *coin*
el mono, *monkey*
la montaña, *mountain*
la mordedura, *bite*
morder, *to bite*
moreno, *dark brown*
morir (se), *to die*
el mostrador, *counter*
mover, *to move*
el movimiento, *movement*
el mozo, *boy, youth, waiter, porter*
el muchacho, *boy, lad*
la muerte, *death*
la mujer, *woman, wife*
el mundo, *world*; todo el- *everyone*
el músculo, *muscle*
muy, *very*; -bien, *very good*

N

nadar, *to swim*
nadie, *nobody*
necesario, *necessary*
necesitar, *to need*
negro, *black*
nervioso, *energetic, vigorous*
el nieto, *grandson*
ninguno, *none*
el niño, *boy*
la noche, *night*
notar, *to note*
la noticia, *news*
de nuevo, *again*

O

o, *or*
el objeto, *object*
observar, *to observe*

ocultar, *to hide*
oculto, *hidden*
ocupado, *occupied*
ocurrir, *to occur*
el oficial, *officer, official*
ofrecer, *to offer*
oir, *to hear*
el ojo, *eye*
oler, *to smell*
el olor, *smell, scent*
la orden, *order*
la orilla, *shore, bank*
el oro, *gold*
oscuro, *dark*
otro, *another*
oye (*Imperative Fam. of* oir), *Listen! I say!*

P

el padre, *father*
pagar, *to pay*
el país, *country*
la paja, *straw*
el pájaro, *bird*
la palabra, *word*
el palo, *stick*
la paliza, *beating*
el pan, *bread*
la pantera, *panther*
el paño, *cloth*
el papel, *paper*
para, *in order to, for*
para que, *so that*
parar (se), *to stop*
parecer, *to appear*
al parecer, *it seems*
la pareja, *pair, couple*
los parientes, *relatives*
la parte, *part*
pasar, *to pass, happen, hand*
el paseo, *walk, ride*
el paso, *way, step*
la pata, *leg* (*of animal or furniture*), *foot*
el Pater noster, *our Father*
el pato, *duck*
el pavo, *turkey*
pedir, *to ask for*
pegar, *to beat*
el peligro, *danger*
peligroso, *dangerous*
el pelo, *hair*
la peluquería, *barber's shop, hairdresser's*
la pena, *sorrow*
el péndulo, *pendulum*
pensar, *to think*
pequeño, *small*
percibir, *perceive* (*by the senses*)
perder, *to lose*
la pérdida, *loss*
el perdón, *pardon*
perdonar, *to forgive*
perezoso, *lazy*
perfectamente, *perfectly*
el periódico, *newspaper*
la perla, *pearl*
pero, *but*
el perro, *dog*
pertenecer, *to belong*
pesado, *heavy*
la peseta, *peseta* (*Spanish currency*)
el pie, *foot*; a-, *on foot*
la piedra, *stone*
la piel, *skin*
la pierna, *leg*
pillo, *artful*
pintar, *to paint*
el pintor, *painter*
la pipa, *pipe*
poco, *little*; -a-, *bit by bit*
pocos, *a few, few*
poder, *to be able*
la policía, *police*
el polvo, *dust*
poner, *to put*; -se, *to become*
ponerse a, *to begin to*
ponerse de pie, *to stand up*
por, *through, by*
por eso, *therefore*
porque, *because*
por qué, *why*
la posada, *inn*
la posadera, *innkeeper* (*woman*)

posar, *to perch, rest*
el prado, *meadow*
precipitarse, *to rush, throw oneself*
preguntar, *to ask*
preparar, *to prepare*
presenciar, *to witness*
presentarse, *to present oneself, show up*
primero, *first*
la prisa, *hurry*
de prisa, *quickly*
probar, *to test, taste (food)*
profundo, *deep*
pronto, *soon*
de pronto, *suddenly*
provenir, *to come from*
el pueblo, *small town, village*
la puerta, *door*
pues, *well, then, because*
puesto, *put, placed* (*Irreg. Past Participle of* poner)
puesto que, *since, as*
el puesto de periódicos, *newspaper stall*
purificar, *to purify*

Q

quedar, *to remain*
la quemadura, *burn*
quemar, *to burn*
querer, *to love, cherish, wish*
mi querida, *my dear*
el queso, *cheese*
quitar, *to remove*

R

el rabo, *tail*
la rama, *branch*
rápidamente, *rapidly, fast*
el rato, *time, while*; al poco-, *shortly after*
el ratón, *mouse*
la razón, *reason*
recibir, *to receive*
recién, *recent(ly)*
reclamar, *to claim*
recobrar, *to recover*
recoger, *to pick up*
reconocer, *to reconnoitre, recognise*
recordar, *to remind, remember*
recortar, *to cut out*
rechinar los dientes, *to gnash the teeth*
la red, *net*
redondo, *round*
referir(se), *to refer*
refugiarse, *to take refuge*
regalar, *to give (as a present)*
regresar, *to return*
el reloj, *watch, clock*
removido, *disturbed, stirred, moved*
repetir, *to repeat*
respirar, *to breathe*
responder, *to reply*
el responso, *response*
el resultado, *result*
retirar (se), *to withdraw*
el retrato, *portrait*
reunirse, *to meet, join*
el revisor, *ticket collector*
el rey, *king*
rezar, *to pray*
rico, *wealthy, delicious*
el río, *river*
robar, *to steal, rob*
robusto, *strong, robust*
rodar, *to roll*
rodear, *to surround*
la rodilla, *knee*
romper, *to break*
la ropa, *clothing*
la rosa, *rose*
el rostro, *face*
roto, *broken* (*irreg. Past Participle of* romper)
el rugido, *roar*
el ruido, *noise*

S

el sábado, *Saturday*
saber, *to know*

sabroso, a, *savoury, tasty*
sacar, *to draw out*
el saco, *sack, bag*
sacudir, *to shake*
salir, *to come (go) out*
saltar, *to jump*
el salto, *jump*
¡Salud!, *Greetings!*
saludar, *to greet*
salvaje, *wild*
la sangre, *blood*
satisfecho, *satisfied*
la savia, *sap*
sé, *be (Imperative of* ser) *or: I know (from* saber)
seco, *dry*
el secreto, *secret*
la seda, *silk*
en seguida, *at once*
seguir, *to follow, continue*
segundo, *second*
seguro, *sure, safe*
de seguro, *surely*
la selva, *forest*
la semana, *week*
semejante, *similar*; su-, *his fellow*
sencillo, *simple, easy*
sentado, *seated*
sentarse, *to sit down*
sentir, *to feel*
la señal, *signal*
sereno, *calm*
la servilleta, *table-napkin*
servir, *to serve, be useful*
el ser vivo, *living being*
si, *if*
sí, *yes*
la sidra, *cider*
siempre, *ever, always*
sigamos (*from* seguir), *let us follow, let us continue*
siguiente, *next*
silbar, *to whistle*
el silencio, *silence*
la silla, *chair*
el sillón, *armchair*
sin, *without*
siquiera, *even*
el sitio, *place*
sobre, *on, above*; -todo, *above all*
el sobrino, *nephew*
el sol, *sun*
solicitar, *to solicit, apply for*
soltar, *to leave go*
soltar la carcajada, *to burst into laughter*
la sombra, *shade*
el sombrero, *hat*
sonar, *to sound, ring*
sorprender, *to surprise*
sospechar, *to suspect*
sospechoso, *suspicious*
sostener, *to keep up, hold*
subir, *to go up, mount*
suceder, *to happen*
lo sucedido, *what has happened*
el suceso, *happening, event*
la suciedad, *dirt*
sucio, *dirty*
sudoroso, *perspiring*
el suelo, *ground, floor*
el sueño, *sleep, dream*
sujetar, *to fasten, tie*
el sujeto, *subject*
la suma, *sum of money*
suponer, *to suppose*
por supuesto, *of course*
suspirar, *to sigh*

T

la taberna, *tavern, "pub"*
tal, *such*
el talonario de cheques, *cheque book*
el tamaño, *size*
también, *also*
tampoco, *neither*
tan, *so, as*
tanto, *so much*
tardar, *to be slow, be late*
la tarde, *afternoon, evening*
tarde, *late*

la tarea, *task*
la taza, *cup*
el tejado, *roof*
el teléfono, *telephone*
temer, *to fear*
el templo, *temple*
tener, *to have*; -que, *to have to*
tercero, *third*
terminar, *to finish*
el terrón, *lump of earth, clod*
el testigo, *witness*
el tiempo, *time, weather*
la tienda, *shop*
la tierra, *earth, land*
tirar, *to throw (away)*; *pull*
el tiro, *shot*
la toalla, *towel*
todavía, *still, yet*
todo, *all*
tomar, *to take*
la tortilla, *omelet, pancake*
tostado, *tanned*
el trabajo, *work*
traer, *to bring*
la trampa, *trap*
tranquilo, *quiet*
transparente, *transparent*
transportar, *to transport*
el tranvía, *tramway*
tras, *after, behind*
trasero, *back, hind*
tratar, *to try*
el tren, *train*
trepar, *to climb*
la tristeza, *sadness*
el trocito, *little bit*
el tronco, *trunk*
turbarse, *to be uneasy*

U

por último, *finally*
único, *only, sole*
unir, *to unite*
útil, *useful*

V

la vaca, *cow*
el valor, *value*
en vano, *in vain*
varios, *several*
vasco, *Basque*
el vaso, *glass*
la vecina, *neighbour (female)*
la vecindad, *neighbourhood*
vecino, *neighbouring, close by*
vencido, *conquered, overcome*
el vendedor, *seller*
vender, *to sell*
el veneno, *poison*
venir, *to come*
la ventana, *window*
la ventanilla, *carriage window*
ver, *to see*
la vez, *time*
viajar, *to travel*
el viajero, *traveller*
la vida, *life*
el viejo, *old man*
el vientre, *belly*
la vista, *sight, view*
la viuda, *widow*
vivir, *to live*
volver, *to return*
la voz, *voice*
la vuelta, *turn, bend*
vulgar, *common*

Y

ya, *already*

Z

la zarpa, *paw*